Beck'sche Reihe

BsR 1219

BSR

Die Ausstellung „Vernichtungskrieg. Verbrechen der Wehrmacht 1941 bis 1944" hat eine heftige Diskussion über die Frage nach den Kriegsverbrechen, die von deutschen Soldaten im Zweiten Weltkrieg begangen worden sind, ausgelöst. In welchem Umfang wurden solche Verbrechen begangen? Wer beging sie? Und in welcher historischen Perspektive sind diese furchtbaren Ereignisse zu verstehen? Till Bastian, Autor der beiden erfolgreichen Sachbücher „Auschwitz und die ‚Auschwitz-Lüge'" und „Furchtbare Ärzte" gibt in diesem dritten Band seiner Trilogie „Zeit der Verbrechen" ebenso knappe wie kompetente Auskunft auf diese Fragen.

Till Bastian, Dr. med., ist Leiter des Forschungsinstituts „Umwelt, Kultur und Frieden" in Isny. Im Verlag C.H.Beck sind zuletzt von ihm erschienen „Auschwitz und die ‚Auschwitz-Lüge'. Massenmord und Geschichtsfälschung" (^{4}1995) sowie „Furchtbare Ärzte. Medizinische Verbrechen im Dritten Reich" (^{2}1996).

TILL BASTIAN

Furchtbare Soldaten

Deutsche Kriegsverbrechen im Zweiten Weltkrieg

VERLAG C. H. BECK

Mit 13 Abbildungen

Die Deutsche Bibliothek – CIP-Einheitsaufnahme

Bastian, Till:
Furchtbare Soldaten : deutsche Kriegsverbrechen im Zweiten Weltkrieg / Till Bastian. – Orig.-Ausg. – München : Beck, 1997
(Beck'sche Reihe ; 1219)
ISBN 3 406 42019 2

Originalausgabe
ISBN 3 406 42019 2

Umschlagentwurf: Uwe Göbel, München
Umschlagabbildung: Erschießungen an der Friedhofsmauer von Pancevo, 22. April 1941 (Deutsches Historisches Museum, Archiv Gronefeld, Berlin)

Gesamtherstellung: C. H. Beck'sche Buchdruckerei, Nördlingen
Gedruckt auf säurefreiem, alterungsbeständigem Papier
(hergestellt aus chlorfrei gebleichtem Zellstoff)
Printed in Germany

Inhalt

Anhang

Vorwort

„Es ist der Krieg als solcher,
dem wir widerstehen müssen,
den wir hassen müssen wie die Pest.
Vor allem der moderne Krieg,
in dem es weder Front noch Heimat gibt."

Bundespräsident Roman Herzog,
Dresden, 13. 2. 1995

1.

Krieg stand für die von Adolf Hitler geprägte und geführte nationalsozialistische „Bewegung" stets im Mittelpunkt des Denkens und Handelns. Von vorneherein hatten die Nationalsozialisten niemals einen Zweifel daran gelassen, daß eines ihrer wichtigsten Ziele in der Revision des Versailler Vertrages lag. Ihr ganzes Streben richtete sich – und zumindest in der Zeit vor Hitlers Machtübernahme 1933 auch in der größten Offenheit – auf einen zweiten Waffengang, der nicht nur die Ergebnisse des verlorenen Ersten Weltkrieges in ihr Gegenteil verkehren, sondern darüber hinaus die endgültige Weltherrschaft der arischen Rasse und die Vernichtung des Judentums herbeiführen sollte. Die Forderung nach einer „Volksgemeinschaft", wie sie die Nationalsozialisten immer wieder im Munde führten, orientierte sich in mancherlei Hinsicht am gemeinsamen Fronterlebnis der Weltkriegssoldaten, die miteinander erfahren hatten, wie „in Stahlgewittern" die alte, überkommene Ordnung des

Kaiserreiches in sich zusammenstürzte. Hitler selber hat oft genug betont, für ihn sei der Weltkrieg nie zu Ende gegangen. Daß er den Krieg, den er für den Motor der Geschichte hielt (was er ja immer wieder offen ausgesprochen hat!), dann schon sechs Jahre nach seiner „Machtergreifung" erneut begann, hätte eigentlich niemanden überraschen dürfen. Doch leider waren nicht wenige Deutsche entweder direkte Parteigänger Hitlers und seiner Kriegspolitik – oder sie fielen in großer Zahl dem Sog der Verdrängung anheim und beruhigten einander damit, daß es so schlimm schon nicht kommen werde. Aber es kam schlimmer.

Dessen eingedenk zu bleiben, ist auch über fünfzig Jahre nach dem Untergang des Hitlerreiches dringlich geboten. Ein friedfertiger Umgang der Menschen miteinander ist, wenn überhaupt, allenfalls dann möglich, wenn die Menschen nicht vergessen, wozu Menschen fähig sind. Und die Epoche des deutschen Nationalsozialismus 1933 bis 1945 hat hierfür besonders schreckliche Beispiele geboten – nicht zuletzt in einer neuen Art der Kriegsführung durch deutsche Soldaten. Im Soldbuch dieser Wehrmachtsoldaten, die ab dem 1. September 1939 ein europäisches Land nach dem anderen überfielen, waren zwar „10 Gebote für die Kriegsführung des deutschen Soldaten" abgedruckt. Unter Punkt 1 hieß es da: „Der deutsche Soldat kämpft ritterlich für den Sieg seines Volkes. Grausamkeiten und nutzlose Zerstörungen sind seiner unwürdig." Doch die blutige Wirklichkeit sah ganz anders aus – und so starben bei der Belagerung der sowjetischen Stadt Leningrad zwischen 1941 und 1943 etwa ebenso viele unschuldige Zivilisten, darunter Frauen und Kinder, wie in den Gaskammern des Konzentrationslagers Auschwitz: rund eine Million Menschen.

2.

Das Ziel des vorliegenden Büchleins ist es, kurz und knapp über diese blutige Wirklichkeit zu informieren. Solche Information ist nämlich immer noch bitter notwendig. Denn zu den Legenden des deutschen Selbstverständnisses nach 1945 gehört nicht nur die Behauptung, die Mehrheit der Deutschen habe „von allem nichts gewußt", d.h. sie sei über den Massenmord an Juden und anderen unerwünschten Menschen nicht informiert gewesen (obschon Zigtausende von deutschen Bürgern die Straßen säumten, als ihre jüdischen Mitmenschen in langen Zügen in die Konzentrationslager deportiert wurden, und obwohl im „Dritten Reich" allenthalben der schlechte Scherz kursierte, der Seifenaufdruck „RIF"[1] bedeute „Reines Juden-Fett" – manch einer nahm es also als wahrscheinlich hin, daß hier Menschen zu Seife verarbeitet wurden!). Die dabei begangenen Verbrechen seien, so hieß und so heißt es bis heute immer wieder, allenfalls Werk einer kleinen Minderheit gewesen. Diese Legende durchdringt auch das nachträglich verfertigte, rechtfertigende Bild des Krieges, an dem so viele Deutsche aktiv teilgenommen hatten: Wo es zu Greueltaten gekommen sei, wären diese stets nur von einigen wenigen Schergen, allemal Männer der SS, begangen worden – der deutsche Soldat hingegen, der einfache „Landser", habe nur seine „Pflicht" getan und dabei stets ritterlich gekämpft.

Erst rund fünfzig Jahre nach dem Kriegsende wurde deutlich, daß ein solches Zerrbild schwerlich den Tatsachen entspricht.[2] Der von Hitler zumindest unter stillschweigender Billigung, oft genug aber auch mit offener, begeisterter Zustimmung entfesselte Krieg schlug – Anzeichen dafür wären für alle wirklich Wißbegierigen von Anfang an erkennbar gewesen! – spätestens mit dem Angriff auf die Sowjetunion 1941 um in einen Krieg neuer Art: einen gnadenlosen Vernichtungskrieg, eine Politik der verbrannten Erde und der Ausrottung der „Untermenschen". Die Deutsche Wehrmacht war von Anbeginn an tief verstrickt in diesen Feldzug des Verbrechens, der ohne sie – und ohne die Teilnahme ihrer Soldaten, vom einfachen Manschaftsdienstgrad bis hinauf zur Generalität – ja auch gar nicht hätte geführt werden können.

Das vorliegende Buch will hierzu einen knappen Überblick geben und dafür die wichtigsten bekannten Fakten zusammenstellen und kommentieren. Auf die weiterführende Fachliteratur, die zum eingehenden Studium unersetzlich ist, wird in den Anmerkungen, aber auch in der Literaturübersicht, die dem Buch im Anhang beigefügt ist, ausdrücklich hingewiesen.

Der Autor hofft, mit diesem dritten Band seiner Trilogie über die deutsche „Zeit der Verbrechen"[3] vor allem jenen jungen Menschen, die in die Geschichte ihres Landes, das 1949 einen Neuanfang gewagt hat, ja erst „hineinwachsen" müssen, wiederum einen Fundus an knappen, allgemeinverständlichen historischen Informationen vorlegen zu können, bei dessen Betrachtung sich erleben läßt, daß die gewiß nicht immer leichte Arbeit des Erinnerns nicht nur Mühsal und Plage ist, sondern vor allem auch Chancen für die bewußte Gestaltung einer menschenwürdigen Zukunft eröffnet.

Erster Teil

Die Vorgeschichte

1. Deutscher Militarismus seit 1871[4]

„Hitler war kein Betriebsunfall" – so lautet eine gewiß provokante, aber ebenso gewiß wohlbegründete These des Historikers Fritz Fischer; eine These, der sich – nach anfänglich heftigem Streit – mittlerweile wohl doch die Mehrheit auch der deutschen Historikerzunft angeschlossen hat.[5]

In der Tat: Um Hitlers beispiellose Karriere und schließlich auch die auf seinen Befehl und in seinem Namen angerichteten Verbrechen und Zerstörungen möglich werden zu lassen, waren die Billigung, das Einverständnis, zumindest aber die Passivität von Millionen von „Volksgenossen" eine unabdingbare Voraussetzung. Wie war dies alles möglich? Angesichts des heftig umstrittenen Buches „Hitlers willige Vollstrecker" von Daniel Jonah Goldhagen, über das in Deutschland 1996 kontrovers diskutiert worden ist,[6] wurde auch um eine gültige Antwort auf diese Frage gerungen; sie ist aber bis heute noch nicht gefunden worden.

Eines scheint allerdings gewiß: daß jede monokausale Erklärung, jede Heraushebung *eines* Ursachenfaktors als allumfassendes Erklärungsprinzip in die Irre gehen, im Realitätsverlust enden muß.[7] Ebenso sicher ist jedoch, daß in dem vielschichtigen Wirkungsgefüge, das schließlich in die Katastrophe führte, der deutsche Militarismus eine nicht zu unterschätzende Rolle gespielt hat: Er hat, nach verlorenem Ersten Weltkrieg – der selber nicht möglich gewesen wäre ohne die fortdauernde innere Militarisierung der kleindeutschen Reichsnation nach

1871 –, Zigtausende von Menschen der Weimarer Republik entfremdet, hat diese Menschen laut nach Revanche rufen und Hitler wählen lassen; er wurde von Hitler zielstrebig benutzt, ausgeschlachtet, schließlich gar noch forciert und in neue, vom Gang der Geschichte bis dato nicht betretene Bahnen gelenkt: Nur so wurde ein Vernichtungskrieg möglich, wie ihn die Welt noch nie zuvor gesehen hatte.

Wer untersuchen will, wie dieser Krieg mit all seinen Verbrechen hatte möglich werden können, kommt deshalb nicht umhin, auch die Vorgeschichte von rund siebzig Jahren deutschem Militarismus, deutscher Kriegsbegeisterung und deutscher Selbsttäuschung zu studieren.

Als am 18. Januar 1871 im Spiegelsaal des Schlosses von Versailles, nach dem militärischen Sieg im Krieg gegen Frankreich, ein wiederbegründetes „Deutsches Reich" proklamiert wurde,[8] grollte der Sozialist August Bebel, der Säbel habe diese Reichsgründung möglich gemacht, der Säbel werde ein solches Reich auch ins Grab geleiten.

Das traf am Ende zu.[9] Zunächst jedoch, noch lange vor dem Ausbruch jenes großen Krieges, den ein kluger Beobachter die „Urkatastrophe unseres Jahrhunderts" genannt hat,[10] begann die kleindeutsche Reichsnation insbesondere nach dem Rücktritt des „eisernen Kanzlers" Fürst Otto von Bismarck (1890) einen immer waghalsigeren Kampf um die Weltmacht, der schließlich direkt in die Katastrophe von 1914 führte. Damit parallel vollzog sich in jenem 1871 neubegründeten Deutschen Reich eine beständig beschleunigte innere Militarisierung: „Nicht die zivilen Tugenden des für die deutsche Geschichte im 19. Jahrhundert so wesentlichen gebildeten und besitzenden Bürgertums waren gesellschaftlich maßgebend, sondern die des preußischen Garde-Leutnants ... Um

Waffen und Uniformen lag ein romantischer, idealisierender Glanz, der von Presse und Literatur, mit Ausnahme weniger liberaler Zeitungen, verbreitet und verstärkt wurde. Daß dieser zunehmende ‚Gesinnungsmilitarismus' die politische Urteilsbildung beeinflußte, zunächst bei den Untertanen, dann auch bei den Regierenden, war nicht zu vermeiden."[11]

In den Jahren 1871–1914 verfestigte sich mithin sowohl im Bewußtsein der politischen Führung des Reiches wie auch im Selbstverständnis großer Teile der Bevölkerung die Überzeugung, Krieg sei nötigenfalls durchaus das geeignete Mittel, Deutschland das zu verschaffen, was ihm von Rechts wegen zustehe: Weltgeltung und Weltmacht. Diese immer mächtigere Strömung, die mit der Regierungsübernahme des 29jährigen Kaisers Wilhelm II. am 15. Juni 1888 gleichsam zu höchsten Würden gelangte, spülte auch die nun als antiquiert geltende, auf Machtbalance in Mitteleuropa ausgerichtete und das deutsche Reich für territorial saturiert erachtende Politik Otto von Bismarcks hinweg: Der Erste Generalquartiermeister und einflußreiche militärische Berater des jungen Kaisers, Alfred Graf Waldersee, ein wüster Judenhasser, notierte sich im April 1889: „Wir müssen das große Geschick des Kanzlers und sein Ansehen in der Welt benutzen, um noch einige Zeit den Frieden zu erhalten, sobald aber unsere Rüstung fertig ist, den Kampf, dessen Beginn die Gegner zu bestimmen hoffen, selbst herbeiführen. Bis dahin mit dem Kanzler, wenn es ernst wird, aber ohne ihn; wenn es sein muß, auch gegen ihn."[12]

Ein Jahr später, am 18. März 1890, war Bismarck gestürzt. Der Marsch in die Katastrophe vollzog sich nun ungebremst – ja er beschleunigte sich immer weiter. Es ging fortan vor allem um „Weltpolitik" – just so, wie dies der junge Wissenschaftler Max Weber 1895 in seiner Freiburger Antrittsvorlesung ausgedrückt hatte: „Wir müssen begreifen, daß die Einigung Deutschlands ein Jugendstreich war, den die Nation auf ihre alten Tage beging und seiner Kostspieligkeit halber besser unterlassen hätte, wenn sie der Abschluß und nicht der Ausgangspunkt einer deutschen Weltmachtpolitik sein sollte."[13]

Zwei Jahre später, 1897, kam es noch einmal zu einer großen Umbildung in der Reichsführung. Der Hamburger Berufsdiplomat Bernhard von Bülow wurde zum Staatssekretär des Äußeren berufen, mit Aussicht auf das Amt des Reichskanzlers, das er im Jahre 1900 dann auch wirklich antreten durfte; im Reichsmarineamt übernahm Admiral Alfred von Tirpitz das Amt des Staatssekretärs mit unmittelbarem Zugang zum Kaiser („Immediatrecht"). Tirpitzens vom Kaiser selbst kräftig geförderte Aufgabe war die Ausarbeitung der „Flottenvorlagen", die das Wettrüsten auf See alsbald heftig anheizten; der Admiral wußte sich, angesichts der eher zögerlichen Haltung des Reichstages, in seinen Zielen unterstützt von mächtigen außerparlamentarischen Pressure-Groups wie dem 1897 unter Hilfestellung der Schwerindustrie gegründeten Flottenverein, der Ende 1898 bereits 240000 Mitglieder zählte, vor allem aber vom „Alldeutschen Verband" (gegründet 1891, zunächst als „Allgemeiner Deutscher Verband", und zwar als Reaktion auf den als Schmach empfundenen Tausch der Kolonialbesitzung Sansibar gegen die Insel Helgoland am 1. Juli 1890). Federführend bei der letztgenannten Vereinsgründung war neben dem späteren Vorsitzenden Heinrich Claß der 25jährige Regierungsassessor Alfred Hugenberg, zu gegebener Zeit ein entschiedener Förderer Adolf Hitlers.

Unterstützt wurden Weltmachtstreben und Flottenrüstung auch von zahlreichen Intellektuellen, wie dem schon erwähnten Max Weber (er ist kurz darauf, 1899, aus dem „Alldeutschen Verband“ ausgetreten, weil dieser seiner Meinung nach in Polen nicht entschieden genug die Interessen des „Deutschtums“ vertrat), der in einer Stellungnahme zur ersten Flottenvorlage des Admiral von Tirpitz 1897 schrieb: „Nur völlige politische Verzogenheit und naiver Optimismus können verkennen, daß das unumgängliche handelspolitische Ausdehnungsbestreben aller bürgerlich organisierten Kulturvölker, nach einer Zwischenperiode äußerlich friedlichen Konkurrierens, sich jetzt mit völliger Sicherheit dem Zeitpunkt wieder nähert, wo nur die Macht über das Maß des Anteils des Einzelnen an der ökonomischen Beherrschung der Erde und damit über den Erwerbsspielraum ihrer Bevölkerung, speziell auch ihrer Arbeiterschaft, entscheiden wird ...“[14]

Noch im selben Jahr 1897, als die Verwirklichung solcher „Weltpolitik“ mit der Okkupation des chinesischen Tsingtaus (14. 12. 1897) bereits ihren Anfang nahm – maßgeblich waren zunächst weniger wirtschaftliche Interessen als vielmehr der Wunsch der Marine nach einem Flottenstützpunkt –, erklärte Außenminister von Bülow am 6. Dezember im Reichstag: „Die Zeiten, wo der Deutsche dem einen seiner Nachbarn die Erde überließ, dem anderen das Meer und sich selber den Himmel reservierte, wo die reine Doktrin thront – diese Zeiten sind vorüber ... Wir wollen niemand in den Schatten stellen, aber wir verlangen auch unseren Platz an der Sonne.“

So kam es, wie es unter solchen politischen Vorgaben wohl kommen mußte: „Mit dem Übergang zu einer aggressiven ‚Weltpolitik‘ in den neunziger Jahren, der sich unter dem Druck der bürgerlichen Öffentlichkeit und eines wesentlichen Teils der Intellektuellen vollzog, gerieten die Bedingungen, unter denen die Existenz eines machtvollen deutschen Nationalstaats in der Mitte Europas mit den Interessen der anderen europäischen Mächte vereinbar war, am Ende gänzlich außer Kontrolle."[15]

Am Ende blieb nur eine ständige „Flucht nach vorne", ins immer größere, allerdings bewußt einkalkulierte Risiko – eine Politik, die denn auch in den großen Krieg mündete, der, wo nicht unmittelbar gewollt, so doch zumindest billigend in Kauf genommen worden war.

Diese Jahre der „Weltpolitik" zwischen 1897 und 1914 sind, dies muß zudem noch beachtet werden, keineswegs eine Epoche friedlicher „Gründerjahre" gewesen[16] – auf die blutigen Kriegseinsätze deutscher Soldaten im Zuge jener „Weltpolitik" einer immer aggressiver um den „Platz an der Sonne" kämpfenden Reichsnation fiel wohl nur deshalb bis zum heutigen Tag so wenig Augenmerk der Geschichtsschreibung, weil sie in Übersee stattfanden und sich gegen Menschen anderer Hautfarbe richteten.[17] Eine sehr überzeugungsmächtige „Schule des Militarismus" haben sie dennoch dargestellt.

Im Jahre 1900 stellte das Deutsche Reich 20000 Soldaten für eine internationale Militärintervention in China, an der sich acht Nationen beteiligten – Auslöser waren der dortige „Boxeraufstand" und die Belagerung der Gesandten im Pekinger Botschafterviertel durch die Rebellen (ihr chinesischer Name „Yihetuan" bedeutete „Truppe der Rechtlichkeit und Reinheit"), nachdem am 20. Juni 1900 der deutsche Gesandte Klemens von Ketteler von einem Regierungssoldaten erschossen worden war – vermutlich ein Racheakt, denn Deutschland hatte kurz zuvor ein weiteres Stück chinesischen Gebietes annektiert. Am 21. Juni erklärte der chinesische Kaiserhof den ausländischen Mächten den Krieg. Vor der Einschiffung des deutschen Expeditionskorps hielt Kaiser Wilhelm II. am 27. Juli 1900 in Bremerhaven eine seiner berüchtigten Stegreif-Reden, worin er unter anderem forderte: „Kommt Ihr vor den Feind, so wird er geschlagen, Pardon wird nicht gegeben, Gefangene nicht gemacht. Wer Euch in die Hände fällt, sei in Eurer Hand. Wie vor tausend Jahren die Hunnen unter ihrem König Etzel sich einen Namen gemacht, der sie noch jetzt in ihrer Überlieferung gewaltig erscheinen läßt, so möge der Name Deutschland in China in einer solchen Weise bekannt werden, daß niemals wieder ein Chinese es wagt, einen Deutschen auch nur scheel anzusehen."

Obschon die deutschen Soldaten bei der internationalen antichinesischen Strafexpedition am Ende keine große und erst recht keine entscheidende Rolle spielten (an der Einnahme und Plünderung Pekings am 15. August 1900 waren sie gar nicht beteiligt), sagte diese international mit Bestürzung registrierte „Hunnenrede" des Kaisers dennoch viel aus über das Selbstverständnis der deutschen Militärmaschinerie und ihres obersten Kriegsherrn. Es gibt auch mancherlei Hinweise darauf, daß die deutschen Soldaten den Appell ihres Kaisers wörtlich genommen haben, denn ab dem Herbst 1900 erschienen in deutschen Zeitungen immer mehr Briefe, in denen Soldaten des Expeditionskorps ihren Angehörigen von Verbrechen und Greueln an der chinesischen Zivilbevölkerung berichteten. Über das „eigentlich treibende Motiv" dieser brutalen Expedition nach Übersee schrieb General Helmuth von Moltke, später (bis 1914) Generalstabschef, am 11. Juli 1900 an seine Frau Eliza: „Wenn wir ganz ehrlich sein wollen, so ist es Geldgier, die uns bewogen hat, den großen chinesischen Kuchen anzuschneiden. Wir wollten Geld verdienen, Eisenbahnen bauen, Bergwerke in Betrieb setzen, europäische Kultur bringen, das heißt Geld verdienen ..."[18]

Im Januar 1904 kam es dann zum Herero-Aufstand in „Deutsch-Südwestafrika" (Auslöser war eine Rinderpest, die ab 1897 die Herden der einheimischen Viehzüchter dezimiert hatte).[19] Der Gouverneur Theodor Leutwein, vom Offiziersrang Major und seit 1894 auf diesem Posten,[20] operierte zunächst militärisch recht glücklos; der Kaiser übertrug das Oberkommando alsbald an den Generalleutnant Lothar von Trotha, der sich bereits bei der China-Expedition von 1900 hervorgetan hatte. Von Trotha ließ den Herero-Stamm umzingeln und in die wasserlose Omaheke-Wüste treiben. Am 2. Oktober 1904 erließ er eine „Proklamation" an das Volk der Herero, worin es hieß: „Innerhalb der deutschen Grenze wird jeder Herero mit oder ohne Gewehr, mit oder ohne Vieh erschossen. Ich nehme keine Weiber und Kinder mehr auf, treibe sie zu ihrem Volk zurück oder lasse auf sie schießen." Unterzeichnet: „Der große General des mächtigen Deutschen Kaisers."[21]

Dieser „große General" wurde, weil seine Brutalität denn doch zu viel Aufsehen erregte, zwar im November 1905 wieder abberufen, doch die Mehrheit des Herero-Volkes war zu diesem Zeitpunkt bereits ausgerottet – von ca. 80000 Stammesangehörigen überlebten nur etwa 16000 diesen ersten großangelegten Vernichtungskrieg der wilhelminischen Militärmaschinerie (der auch 1500 deutschen Soldaten das Leben kostete).[22] Von Trotha selber hatte zur Legitimierung seines Ausrottungswillens auch von einem „Rassenkampf" gesprochen, den er schon seit 1897 vorhergesagt habe – das bezeichnende Wort fiel z.B. in einem Brief von Trothas an Generalstabschef Alfred von Schlieffen am 4. Oktober 1904, und von Schlieffen wiederum kommentierte von Trothas Äußerung in einem Schreiben an Reichskanzler Bülow so: „Der entbrannte Rassenkampf ist nur durch Vernichtung oder vollständige Knechtung der einen Partei abzuschließen. Das letztere Verfahren ist aber bei den jetzt gültigen Anschauungen auf die Dauer nicht durchzuführen." (23. November 1904) Nur deshalb also wurde General von Trotha schließlich abberufen! Es läßt sich allerdings leicht vorhersehen, daß Offiziere, die aus solchem Holz geschnitzt waren, dem „Verfahren" des „Rassenkampfes" bis hin zur „Vernichtung oder vollständigen Knechtung" nur wenig Widerstand entgegensetzten, als 35 Jahre später die Anschauungen und die Zeit dafür reif zu sein schienen ...

Erst im Frühjahr 1907 konnte der Kriegszustand für beendet erklärt werden, war die Ruhe in Deutsch-Südwestafrika wiederhergestellt – „aber um welchen Preis! Es war dies der Friede der Grabesruhe, der mit an Völkermord grenzenden militärischen Operationen gegen die Eingeborenen erreicht und noch dazu mit der weitgehenden Zerstörung der indigenen Stammeskulturen erkauft worden war." [23]

Schon lange vor 1914 standen also die Zeichen auf Krieg, hatte sich das deutsche Militär vielfach in Brutalität und Rücksichtslosigkeit geübt – getragen von einer gewaltigen Welle nationalen Überschwanges, der auch die Sozialdemokratie auf Dauer nichts entgegenzusetzen hatte. „1910 gehörten allein den 16500 preußischen Kriegervereinen 1,5 Millionen Mitglieder an; der ‚Deutsche Kriegerbund' hatte ebenfalls 1910 1,7 Millionen Mitglieder und der ‚Kyffhäuserbund' organisierte sogar 2,5 Millionen Mitglieder. Hier gab es allerdings eine große Zahl von Mehrfachmitgliedschaften. Hinzu kamen aber noch paramilitärische Jugendverbände wie etwa ‚Jungdeutschland' oder ‚Jugendwehr', und wenn man noch die Anhänger des ‚Flottenvereins' und des ‚Wehrvereins' einbezieht, die insbesondere auch in Wahlkämpfen für die konservativen Parteien trommelten, dann waren insgesamt etwa 5 Millionen Deutsche erfaßt, d.h. ein Sechstel aller Männer und Jungen – das war mehr als doppelt so viel wie die Anzahl sämtlicher Gewerkschaftsmitglieder zur gleichen Zeit. Auch derartige Zahlen muß man sich klarmachen, wenn man die ‚Militarisierung der Gesellschaft' ins Auge faßt."[24]

Als der alldeutsche Schriftsteller und General a.D. Friedrich von Bernhardi im Frühjahr 1912 sein Buch „Deutschland und der nächste Krieg" veröffentlichte, erlebte diese Schrift in den folgenden zwei Jahren neun Auflagen – dann war der „nächste Krieg" ja auch schon da. Bernhardi forderte in seinem Werk einen Präventivkrieg gegen Frankreich, um für eine „entschlossene Weltpolitik" den „Rücken frei" zu haben. „Haben wir in den letzten großen Kriegen um unsere nationale Einigung und damit zugleich um unsere europäische Machtstellung gekämpft und gerungen, so stehen wir heute vor der größeren Entscheidung, ob wir uns auch zu einer Weltmacht entwickeln" hieß es in seinem Bestseller,[25] und so wie der Autor dachten gewiß Millionen von Deutschen. Etwa zur selben Zeit, am 10. Juni 1913 schrieb der pensionierte General Konstantin Freiherr von Gebsattel an den Vorsitzenden des Alldeutschen Verbandes, Heinrich Claß: „Ich ersehne nicht weniger, wie Sie, den befreienden Krieg – nicht aus persönlichen Gründen, obgleich ich in den letzten Jahren noch ein sehr schönes Kommando gehabt hätte, sondern der Sache des Vaterlandes wegen."[26]

Schon wenig später war es so weit: „Nun wollen wir sie aber dreschen!" – so beendet Wilhelm II. seine Rede zur Eröffnung des Reichstages am 4. August 1914. Und rund einen Monat später faßt der Berliner Polizeipräsident von Jagow bündig zusammen, was seine Beamten beobachtet haben: „Kriminalbeamte, die dienstlich viel in Arbeiterkreisen zu tun haben, wollen es kaum glauben, daß es dieselben Leute sind, die noch vor kurzem in Protestversammlungen die Internationale hochleben ließen und jetzt patriotisch überschäumen.“[27]

2. Der Erste Weltkrieg

Eine Fotografie vom 2. August 1914 zeigt die Verkündung der kaiserlichen Mobilmachungsorder auf dem Münchener Odeonsplatz. Mitten in der enthusiastisch jubelnden Menge ein lachender junger Mann: Der begeisterte Adolf Hitler. Damals fünfundzwanzig Jahre alt, meldete sich der arbeitslose Kunstmaler alsbald als Kriegsfreiwilliger.

Dieser Krieg, den der junge Soldat Adolf Hitler – der sich später als „größter Feldherr aller Zeiten" feiern ließ – dann im Grunde bis zum Jahre 1945 weitergekämpft hat, war vorbereitet worden durch eine beständige „geistige Militarisierung" der deutschen Nation: eine Veränderung des Weltbildes, bis diesem Rücksichtslosigkeit und „hartes Durchgreifen" am Ende als ganz selbstverständlich erschienen – auch ein „Präventivschlag" ließ sich für eine solche Denkart noch mühelos unter den Oberbegriff „Verteidigung" einordnen. So begann der Krieg denn auch sofort mit einem Völkerrechtsbruch, mit dem Einmarsch deutscher Truppen im neutralen Belgien am 3. und 4. August 1914, just so, wie dies der deutsche Feldzugsplan – nach seinem Urheber, dem oben bereits zitierten, 1913 verstorbenen Generalfeldmarschall und einstigen Generalstabschef Alfred von Schlieffen, auch „Schlieffenplan" genannt – nun einmal vorgesehen hatte, mochten die politischen Folgen dieses Vorgehens sein, wie immer sie wollten.

Schon der Weltkrieg wurde also in der aus Überheblichkeit und Wunschdenken entspringenden Meinung begonnen, sich ungestraft über die Grundsätze des Völkerrechts hinwegsetzen zu können: Es galt ja als selbstverständlich, daß man am Ende siegen würde, und alles andere zählte nicht! Diese Tendenz zur rücksichtslosen, „totalen" Kriegsführung setzte sich fort und erreichte eine neue Qualität im Jahre 1915, als sich deutlich zeigte, daß der rasche Sieg im Felde eben doch eine Illusion gewesen war. Statt nun Verhandlungsbereitschaft zu zeigen, setzten die politische und die militärische Führung des Reiches alles daran, nötigenfalls auch mit dem ebenfalls völkerrechtswidrigen Einsatz neuartiger Waffen (zum Beispiel Giftgas und Untersee-Boote – siehe dazu weiter unten) das Kriegsglück doch noch auf die deutsche Seite zu zwingen.

Diese Rücksichtslosigkeit der deutschen Kriegsführung bereits im Ersten Weltkrieg läßt es im Rückblick weniger unbegreiflich erscheinen, warum 25 Jahre später, als 1939 der zweite, noch um vieles grausamere Waffengang begann, sich so viele Soldaten und Offiziere der Wehrmacht derart bedenkenlos für einen Vernichtungskrieg ohne Beispiel mißbrauchen ließen.

Einige besonders trübe Kapitel aus der Geschichte des Ersten Weltkrieges sollen deshalb in der gebotenen Kürze angeschnitten werden:

Gaskrieg

Am 22. April 1915, Punkt 18 Uhr, stiegen aus den vordersten Linien der deutschen Front bei Ypern dicke Chlorgaswolken empor. Pioniersoldaten der deutschen 9. Armee hatten dort 5000 Stahlflaschen geöffnet – das aus ihnen freigesetzte Gift wurde vom Nordostwind als sechs Kilometer breite, weißgelbe Wolkenwand auf die französischen Schützengräben zugetrieben. Sobald sie diese erreichten, rangen die Soldaten hustend um Atem, blutiger Schaum schoß ihnen aus Nase und Mund, vielen platzte die Lunge. Mehrere Tausend Todesopfer kostete dieser erste Giftgaseinsatz in einem modernen Krieg – ein klarer Verstoß gegen das geltende Kriegsvölkerrecht.[28] Ein Vermerk im Kriegstagebuch der 9. Armee vom 14. Mai 1915 wirft ein bezeichnendes Schlaglicht auf die Weltanschauung des Offizierskorps: „Angesichts des Umstandes, daß unsere Gegner unter Verzicht auf jeden Rassenstolz ein buntes Völkergemisch gegen uns ins Feld führen, ist die Anwendung dieses Mittels voll gerechtfertigt. Wir erreichen auf diese Weise unseren kriegerischen Zweck und sparen an kostbarem Blute ..."

In der Folge setzten dann beide Kriegsparteien die neue, tödliche Waffe ein. Die deutsche chemische Industrie tat alles, um in diesem Wettrüsten in führender Position zu bleiben, treibende Kraft war der Chemiker Professor Fritz Haber (ab 1920 übrigens Leiter der „Chemischen Abteilung" im Preußischen Kriegsministerium).[29] Industrie und Wissenschaft entwickelten unter anderem die LOST-Kampfstoffe (so benannt nach den Chemikern LOmmel und STeinkopf), darunter das stark ätzende Schwefel-LOST (auch als „Senfgas" oder „Gelbkreuz" bekannt), das neben anderen Schädigungen zur Blindheit führen kann. „Gelbkreuz" wurde am 12. Juli 1917 erstmals vom deutschen Militär verwendet – da es unsichtbar und geruchlos ist, versäumten es die Soldaten der Aliierten, rechtzeitig ihre Gasmasken aufzusetzen, und abermals waren zahlreiche Tote die Folge.

Dieser Gaskrieg traf auch den Kriegsfreiwilligen Adolf Hitler: In der Nacht vom 13. auf den 14. Oktober 1918 ebenfalls bei Ypern im Trommelfeuer englischer Giftgasgranaten schwer verwundet, lag er, kurzfristig erblindet, im Lazarett von Pasewalk, als er von der Novemberrevolution, von der Abdankung des Kaisers und von jenem Waffenstillstand erfuhr, dem später der Vertrag von Versailles folgen sollte. „Ich wußte, daß alles verloren war ... Ich aber beschloß, Politiker zu werden", schrieb er fünf Jahre später in „Mein Kampf". Und im selben Buch räsonnierte er in blindwütigem Antisemitismus über die Möglichkeit, daß bei Anwendung rücksichtsloser Maßnahmen gegen die „hebräischen Volksverräter" der Weltkrieg hätte gewonnen werden können. Dabei erwähnte er sogar ausdrücklich das Stichwort „Giftgas"! Hätte man diese „Volksverderber" nur rechtzeitig, zum Beispiel mit Gas, beseitigt – so Hitler 1923 –: der verdiente Sieg wäre der deutschen Sache sicher gewesen.

U-Boot-Krieg

Schon in den ersten Kriegsmonaten, während die riesigen Schlachtschiffe der deutschen Hochseeflotte vertäut in den Häfen lagen, hatte sich herausgestellt, welche wirksame Waffe die deutschen U-Boote waren. Daher verkündete die deutsche Regierung am 4. Februar 1915 die Errichtung eines Sperrgebietes rund um die britischen Inseln, innerhalb dessen auch neutrale Schiffe ohne Vorwarnung mit der Versenkung zu rechnen hätten. „Damit begann die kaiserliche Regierung bewußt eine Kriegsführung des maritimen Terrors, die mit den geltenden Völkerrechtsbestimmungen nicht vereinbar war und die maritimen Rechte der Neutralen massiv beeinträchtigte."[30]

Als am 7. Mai 1915 ein deutsches U-Boot den britischen Passagierdampfer „Lusitania" versenkte, was 1198 Todesopfer forderte, darunter 124 US-Bürger, kam es zum ernsten Konflikt mit der Regierung der USA, die schon vorher scharf gegen diese Art der Seekriegsführung protestiert hatte. Als US-Präsident Wilson dann rund ein Jahr später, nach der Versenkung des französischen Dampfers „Sussex", der auch vier Passagiere aus den USA transportiert hatte (24. März 1916), mit dem Abbruch der diplomatischen Beziehungen drohte, gab die Reichsleitung zunächst nach und sagte zu, den U-Boot-Einsatz künftig den völkerrechtlichen Seekriegsregeln zu unterwerfen. Am 9. Januar 1917 jedoch folgte der Kaiser den Ratschlägen seiner Militärberater und verfügte den abermaligen Beginn eines uneingeschränkten U-Boot-Krieges zum 1. Februar. Dies geschah insbesondere auf Drängen der 3. Obersten Heeresleitung, der Generäle Hindenburg und Ludendorff, die ab dem 29. August 1916 das militärische Heft in der Hand hatte „und seither daran ging, alle materiellen und personellen Hilfsmittel für die Kriegsführung zu mobilisieren und ausschlaggebenden Einfluß auf die Kriegswirtschaft und die gesamte deutsche Innenpolitik auszuüben"[31] – dies mit so großer Durchsetzungskraft, daß man schon fast von der Umwandlung Deutschlands in eine Militärdiktatur sprechen konnte.

In der Folge stellte sich freilich heraus, daß auch mit dem rücksichtlosen Gebrauch der U-Boot-Waffe der Krieg nicht mehr zu gewinnen war; hingegen traten die USA, die am 3. Februar 1917 die diplomatischen Beziehungen zum Deutschen Reich abgebrochen hatten, im April auf Seiten der Alliierten in den Krieg ein. Der große Stratege Ludendorff allerdings schätzte die Folgen dieses Schrittes als gering ein und befand nur: „Ich pfeife auf Amerika."[32]

Zu einem besonders perfiden Kriegsverbrechen kam es am 27. Juni 1918. Das englische Lazarettschiff „Llandovery Castle", von Halifax nach Irland unterwegs, wird von dem deutschen U-Boot U 86, befehligt von Oberleutnant zur See Helmuth Patzig, völkerrechtswidrig angegriffen und mit einem Torpedotreffer versenkt. Aus den Rettungsbooten nimmt Patzig den Kapitän des Lazarettschiffes auf, verhört ihn, läßt die Rettungsboote und ihre Insassen danach aber unbehelligt. Zunächst – denn Patzig läßt alsbald beidrehen und die Rettungsboote vom Turm des U-Bootes aus mit dem Bordgeschütz beschießen. 234 wehrlose Menschen werden getötet – nur ein einziges Boot entkommt, jenes mit dem britischen Kapitän an Bord.

Gegen einige deutsche Offiziere von solchem Schlag kam es auf Druck der siegreichen Alliierten 1921 zu einer förmlichen Anklage vor dem Reichsgericht in Leipzig (insgesamt wurden elf solcher Kriegsverbrecherprozesse geführt). Unter den Angeklagten befand sich auch Kapitänleutnant a.D. Karl Neumann, dessen U-Boot UC 67 am 27. Mai 1917 ohne Warnung das englische Lazarettschiff „Dover Castle" torpediert hatte – er wurde freigesprochen. Im Falle Patzig wurde zunächst gegen dessen Wachoffiziere Boldt und Dithmar verhandelt, die Strafe lautete auf jeweils vier Jahre Gefängnis: Zu offensichtlich völkerrechtswidrig war das Gemetzel an den hilflosen Schiffbrüchigen gewesen. 1925 stellte sich dann der bis dato flüchtige Patzig. Der Haftbefehl gegen ihn wurde freilich alsbald außer Kraft gesetzt, ja sogar am 4. Mai 1928 das Urteil gegen Dithmar und Boldt aufgehoben und am 20. Mai 1930 auch das Verfahren gegen Patzig endgültig eingestellt.[33]

Zeppelinangriffe und „Parisgeschütz“

Luftangriffe auf feindliche Städte, wie sie im Zweiten Weltkrieg zuerst von der deutschen Luftwaffe zum Instrument allgemeiner Kriegsführung gemacht worden sind und die Grenzen zwischen „Front“ und „Heimatfront“ endgültig verwischten, wurden schon im Krieg 1914–1918 von deutscher Seite begonnen, und zwar mit einer Waffe, über die der Gegner noch gar nicht verfügte – nämlich mit den Zeppelin-Luftschiffen, die ihre Bomben vor allem über Paris und London abwarfen. Die auf England niederregnende Bombenlast von über 300 Tonnen hat immerhin fast 1500 Menschen getötet und in der britischen Hauptstadt London Angst und Schrecken ausgelöst. Die Zivilbevölkerung von Paris, der anderen Metropole der „Entente cordiale“ (wie sich das britisch-französische Bündnis selber tituliert hatte), wurde von den deutschen Truppen zusätzlich noch durch die Beschießung mit den drei sogenannten „Parisgeschützen“ terrorisiert, und zwar ab dem 23. März 1918 (zwei Tage nach dem Beginn der letzten großen deutschen Offensive). Die Beschießung durch diese Ferngeschütze, die ihre Granaten aus einer Distanz von über 100 Kilometern mitten in das Pariser Stadtzentrum feuerten, dauerte bis zum 11. Juni 1918. Insgesamt 289 Treffer in der Pariser Innenstadt wurden am Ende gezählt. Noch lange nach Kriegsende schrieb ein früherer deutscher Offizier: „In einem Bereich von 3 km Breite und 15 km Tiefe saß im Stadtkern von Paris Schuß an Schuß. Die moralische Wirkung dieser Beschießung war ungemein stark“.[34] In der Tat: „Die Hunnen beschießen Paris!“ hatte es in der Zeitung „Petit Parisien“ am 24. März 1918 geheißen.

Der Wiener Privatdozent Sigmund Freud hat – zum Gutachter in einem Kriegsverbrecherprozeß kurz nach Kriegsende bestellt[35] – in einer geradezu klassischen Wendung von den Militärärzten des Ersten Weltkrieges gesagt, diese hätten seinerzeit die Rolle von „Maschinengewehren hinter der Front" übernommen, also ihre Aufgabe nicht in „Heilung" gesehen, sondern darin, die Kranken möglichst rasch wieder dem Schützengraben und dem Schlachtfeld zuzuführen. Deutsche Militärmediziner, in ihrer übergroßen Mehrheit höchst patriotisch gesonnen, zeigten dabei besonders wenig Skrupel – ihr Verhalten kann durchaus als Menetekel der späteren Ärzteverbrechen im Hitlerreich betrachtet werden.[36]

Gegenstand des robusten Vorgehens waren die „Kriegszitterer" oder „Kriegsneurotiker". Zu ihrer „Behandlung" wurde unter anderem die Kaufmannsche „Elektrisiermethode" ersonnen, eine Vorform der späteren Elektroschock-Therapie; mit einem von Werner von Siemens konstruierten Apparat zur Erzeugung von galvanischem Strom, den der berühmte Physiologe Emil Du Bois-Reymond 1848 vor der Berliner Physikalischen Gesellschaft vorgeführt hatte und der alsbald in die Behandlung von Nervenkrankheiten Einzug fand, wurden nach 1914 die „Kriegszitterer" so brutal traktiert, daß – nach mehreren Todesfällen infolge Wechselstromanwendung – das Kriegsministerium am 22. Dezember 1917 diese Vorgehensweise verbot; freiwillig hätten die deutschen Ärzte wohl nicht auf sie verzichtet. Aus jenen Jahren, über die ein berühmter Nervenarzt rückblickend meinte, es sei eine „therapeutische Gepflogenheit" (sic!) von großem vorbeugendem Wert gewesen, „die Abwehrneurosen ins

Trommelfeuer zu schicken",[37] stammt auch die Zusammenfassung eines der wenigen kritischen Autoren, der konstatierte, es sei dies eine Zeit gewesen, „in der man vor der kalten Dusche und längerer Nahrungsentziehung, Ekelkuren, Brechmitteln, Douchen, Einsperrung zu ekelhaften, tobenden oder gefährlichen Kranken, lebensgefährlichen Angriffen, Feuerruf im Hause, Chloroformierungen nicht zurückschreckte, wenn es galt, den Trotz eines vermeintlichen oder wirklichen Simulanten zu brechen."[38]

Jedenfalls waren die Jahre 1914–1918 auch auf dem Gebiet der Militärmedizin ein Exerzierplatz der Brutalisierung – nur so wurde möglich, was später an noch weit Schlimmerem geschah.

Verbrechen in den besetzten Gebieten

Ein Schlaglicht muß im Rahmen dieser kurzen Übersicht genügen, um beispielhaft die Verhältnisse im okkupierten Belgien zu erhellen. Schon kurz nach dem völkerrechtswidrigen Einmarsch deutscher Truppen in das neutrale Königreich und just nach der Eroberung der Festungsstadt Lüttich am 7. August 1914 schrieb der Kommandierende General des VII. Armeekorps, Generaloberst Karl von Einem, in einem Feldpostbrief an seine Frau – datiert vom 8. August – über die eigene Reaktion auf angeblich heimtückische Angriffe der Zivilbevölkerung: „Ich habe befohlen, die Dörfer abzubrennen und jeden zu erschießen ..." Und in einem zweiten Brief des Offiziers vom 10. August heißt es: „Wir haben leider sehr viel sengen und brennen müssen ..."

In der Tat: In Belgien, wo der unerwartete Widerstand und die schweren eigenen Verluste die Erbitterung der deutschen Truppe und ihrer Offiziere offenbar rasch angeheizt hatte – gemäß den Vorgaben des Schlieffenplanes hatte der Generalstab einen ernsten Kampf gegen die als wenig leistungsfähig eingeschätzten belgischen Soldaten nicht erwartet –, kam es schon sehr bald zu schweren deutschen Verbrechen an der Zivilbevölkerung. Ein rassistischer Zug in der Haltung der Deutschen ist hierbei unverkennbar. In einem Brief des Generaloberst Hans von Beseler vom 20. August 1914 – tags zuvor hatten die Deutschen in der belgischen Stadt Aerschot 119 Einwohner erschossen – ist zu lesen: „Der Ort hier ist halb verbrannt und schrecklich zugerichtet; die Einwohner haben sich gestern sehr feindselig gezeigt und sind sehr streng bestraft worden. Viele arme Unschuldige müssen mitleiden ..." Doch eine Woche später, am 23. August, notiert der General: „Das Volk gefällt mir aber nicht; es sind durchweg Vlaemen, aber sie machen den Eindruck einer niedrig gehaltenen Race, sind auch körperlich weniger wert wie die Deutschen ..."

In Löwen wurden zwischen dem 25. und 28. August 1914 insgesamt 209 belgische Zivilisten massakriert, in Dinant zur selben Zeit über 650 Menschen von sächsischen Soldaten ermordet – „Dinant ist gefallen, alles niedergebrannt ... Wir dringen immer weiter vor. Die Männer werden erschossen, die Häuser geplündert und niedergebrannt", so schrieb der Soldat Kurt Rasch am 25. August an seine Eltern im heimatlichen Dresden.[39] Schon im August 1914 zeigte sich also, welch rücksichtslosen Vernichtungswillen der Drang zu „unerhörten Siegen" der Deutschen Waffen freisetzen konnte – unterhalten durch eine wahnwitzige Feldzugsplanung und verdichtet durch die ersten Ahnungen von deren möglichem Scheitern.

Der „totale Krieg"

Wie bereits erwähnt, kam es im August 1916 zu einem Wechsel in der „Obersten Heeresleitung": Der ehemalige preußische Kriegsminister Generalfeldmarschall Erich von Falkenhayn wurde durch Paul von Hindenburg und Erich Ludendorff ersetzt (Falkenhayn selber war seinerseits auf Helmuth von Moltke den Jüngeren gefolgt, der schon 1914, nach dem wider alle Erwartung nicht zum blitzartigen Sieg führenden Kriegsbeginn einen Nervenzusammenbruch erlitten hatte). Formell war der spätere Reichspräsident Hindenburg Ludendorffs Vorgesetzter, tatsächlich wurde jedoch der achtzehn Jahre jüngere Ludendorff zur treibenden Kraft hinter allem, was fortan auf dem Schlachtfeld geschah.

Obschon das deutsche Militär von Anfang an eine rücksichtslose und zum Teil völkerrechtswidrige Kriegsführung praktiziert hatte, änderten sich die Verhältnisse jetzt noch einmal zum Schlechteren. „Das ‚Feldherrenduo', gewissermaßen plebiszitär abgesichert durch die Volksgunst und die Erwartung, als einzige diesen Krieg noch gewinnen zu können, konnte, anders als Falkenhayn, beliebig jede Maßnahme durchdrücken und im Verweigerungsfalle mit dem Rücktritt drohen. Die Folgen machten sich schon bald bemerkbar: An die Stelle des Nebeneinanders in der Ära Falkenhayn, der ‚Wurstelei', trat nun die Verwandlung des Deutschen Reiches in eine Art Militärdiktatur, die zur Erreichung des Endsiegs alle industriellen Kräfte an- und überspannte (‚Hindenburgprogramm'). Für die Rüstungsindustrie wurden Zivilisten zwangsverpflichtet, belgische Arbeiter nach Deutschland verschleppt. Auch griff die neue OHL in unkluger und verhängnisvoller Weise in die Innenpolitik ein und suchte beispielsweise eine Reform des preußischen Dreiklassenwahlrechts zu verhindern. In der Außenpolitik behinderte sie aktiv jeden Friedensfühler, der nach Verzicht aussah. Außerdem verfochten Hindenburg und Ludendorff ein ausschweifendes Annexionsprogramm vor allem im Osten, das am 3. März in den Bestimmungen des Friedens von Brest-Litowsk gipfelte. Den für jeden Friedensfühler im Westen unbedingt nötigen Verzicht auf Belgien – Falkenhayn hatte sich in dieser Frage sehr gemäßigt geäußert und eine Rückgabe Belgiens befürwortet – oder auf das Erzbecken von Briey zu leisten, war diese OHL ebenfalls nicht bereit. Im Ausland entstand der nicht unberechtigte Eindruck, mit Deutschland könne nicht mehr verhandelt werden."[40]

Mit Ludendorff und Hindenburg war eine andere, freilich bereits vorgebahnte Form des Krieges endgültig Wirklichkeit geworden: ein totaler Krieg – nicht mehr Fortführung der Politik mit „anderen Mitteln", wie es noch beim preußischen Generalstäbler Carl von Clausewitz geheißen hatte, sondern eine neue Art der rücksichtslosen Unterwerfungspolitik, in der das Militär alle anderen Handlungsweisen dominierte und auch die Politik bestimmte. Ludendorff war ein „Vernichtungsstratege" – ein Mann, „der den militärischen Totalsieg als einzige Möglichkeit des Kriegsendes in Betracht zog".[41] Es ist einem Adolf Hitler sehr leicht gefallen, ein Vierteljahrhundert später an solche Traditionen anzuknüpfen.

Es ist zudem bezeichnend, welche Rolle die beiden Männer – die den Krieg dann im Herbst 1918 überstürzt verloren geben mußten – in der Weimarer Republik gespielt haben. Paul von Hindenburg wurde quasi als Ersatzkaiser 1925 zum Reichspräsidenten gewählt (auch Ludendorff hatte kandidiert, und zwar für die NSdAP, scheiterte aber kläglich gegen seinen einstigen Vorgesetzten). 1932 wiedergewählt, ernannte er ein Jahr später Adolf Hitler zum Reichskanzler (daß er mit diesem Schritt zögerte, war wohl vor allem auf Hitlers niederen militärischen Rang zurückzuführen); am „Tag von Potsdam“ (21. März 1933) und nach dem „Röhm-Putsch“ 1934 gab er dem „Dritten Reich“ mit aller persönlichen Autorität Rückendeckung. Ludendorff wurde nach 1918 zum rastlosen Agitator des rechtsnationalen Spektrums, beteiligte sich 1923 am Münchner Putschversuch Hitlers, wurde 1924 für Völkische und NSdAP in den Reichstag gewählt, kandidierte 1925, wie erwähnt, für das Reichspräsidentenamt und gründete im selben Jahr den antisemitisch-antimarxistischen Tannenbergbund; sein ins Bizarre gesteigerter Kult um die eigene Persönlichkeit ließ ihn dann allerdings zur Randfigur werden, trotz einer 1937 mit großem Pomp inszenierten „Aussöhnung“ mit Adolf Hitler. Am 20. 12. 1937, drei Jahre nach Hindenburg, ist Ludendorff gestorben; kurz zuvor, im Jahr 1935, hatte er noch sein Buch „Der totale Krieg“ veröffentlicht.

Ein Fazit?

Eine Bereitschaft zum „totalen Krieg“ ohne irgendwelche Bedenken humanitärer Art und ohne Rücksicht auf das geltende Völkerrecht wurde auf deutscher Seite also schon im Ersten Weltkrieg erschreckend deutlich. Und in diesem ersten Weltkrieg standen ja viele jener Männer an der Front, die dann 25 Jahre später die deutschen Waffen befehligten. Dies taten sie dann in großer Zahl, wenn auch nicht ausnahmslos, mit blindem Gehorsam und ohne Skrupel.

„Erst die militärische Niederlage von 1918 bereitete der nationalen Hybris und dem expansionistischen Drängen ein vorläufiges Ende. Jedoch haben die Brutalisierung der Kriegsführung, die Anfänge eines totalen Krieges und die Auswirkungen einer chauvinistischen, lang nachwirkenden Propaganda mehr zur Entstehung nationalsozialistischer Herrschaftspraktiken beigetragen als irgendwelche Entwicklungen in Sowjetrußland" – so resümierte achtzig Jahre nach Kriegsende ein Oxforder Historiker und wies zugleich mit Recht darauf hin, daß diese Dimension des Ersten Weltkrieges gar zu oft vernachlässigt werde.[42]

Die Verbrechen der Kriegsjahre 1939 bis 1945 sind aus dieser Perspektive als die extremste Überhöhung eines Deutschen Militarismus zu betrachten, dessen Vorgeschichte so lange wie blutig ist, als seine Steigerung „bis ins Letzte" (bezeichnenderweise ein Lieblingsschlagwort der nationalsozialistischen Propaganda).[43]

3. Die Weimarer Zeit

Der Militarismus sei „die geheime Krankheit, der Tumor am Hirn der Republik gewesen“, befand der Publizist und Friedensnobelpreisträger Carl von Ossietzky,[44] der am Ende diesem Leiden selber zum Opfer fiel (er starb nach dreieinhalbjähriger KZ-Haft am 4. Mai 1938 auf der TBC-Station des Berliner Nordend-Krankenhauses).

Daß eine solche „Krankheit“ fast ungehindert um sich greifen, daß dieser „Tumor“ derart bösartig wuchern konnte – das wurde in nicht geringem Maße durch die bösartige Legende begünstigt, das deutsche Heer sei im Felde unbesiegt geblieben, erst ein „Dolchstoß“ von hinten, d.h. die revolutionäre Erhebung in der Heimat, habe seinen heldenhaften Kampf beendet. Generalfeldmarschall August von Mackensen, der Paul von Hindenburg an Popularität nur wenig nachstand, drückte dies im Januar 1919 so aus: „Nicht die Truppen der Entente haben uns besiegt, sondern Deutschlands ärgster Feind, das eigene Volk in seiner Eigenart, hat den Zusammenbruch herbeigeführt. Und jetzt wütet dieses Volk in den großen Städten weiter gegen deutsches Fleisch und Blut ... Der preußische Militarismus erzog, die sozialdemokratische ‚Freiheit‘ verdirbt das Volk.“[45]

Solche Unwahrheiten glaubten Millionen.

Der verlorene Krieg erwies sich auch gleichsam als ein Katalysator, der den vor 1914 in allen europäischen Nationalstaaten in wechselndem Ausmaß grassierenden Antisemitismus – man denke nur an die Dreyfus-Affäre in Frankreich! – zu jenem mörderischen Ressentiment verdichtete, das dann die nationalsozialistische „Weltanschauung“ geprägt hat. „Der Vernichtungsfriede – Werk der Juden!“ so ein Flugblatt, das nach Kriegsende in Deutschland zirkulierte: „Das deutsche Schwert ist von der Judenfeder besiegt worden. – Das darf kein Deutscher vergessen.“[46] An derartigen, zutiefst gehässigen Parolen war das deutsche Militär keineswegs schuldlos: Am 11. Oktober 1916 hatte die Oberste Heeresleitung Hindenburg-Ludendorff, eben zwei Monate im Amt, eine „Nachweisung der beim Heere befindlichen wehrpflichtigen Juden“ angeordnet (bald allgemein „Judenzählung“ genannt).[47] Die Erhebung ergab freilich, daß nur 1,1 Prozent der deutschen jüdischen Soldaten in der „Etappe“ angetroffen worden waren – mithin unterdurchschnittlich wenig; der Antisemit Ludendorff hatte das Gegenteil erwartet. Durch General von Wrisberg ließ er daher eine Komma-Verschiebung durchführen, die die Zahl jüdischer „Etappenhengste“ auf 11 Prozent hochdrückte: Eine wirkungsvolle Fälschung, die von der rechtsextremen Presse der Weimarer Republik immer wieder zitiert worden ist. Durch diese „Sündenbockjagd“ bereitete sich vor, was die Nationalsozialisten ab 1933 systematisch fortsetzten. Schon kurz vor Kriegsende, im Oktober 1918, hatte der bereits erwähnte General a. D. Konstantin Freiherr von Gebsattel, der stellvertretende Vorsitzende des Alldeutschen Verbandes, gefordert, „die Juden als Blitzableiter für alles Unrecht zu benutzen“, und der Vorsitzende Heinrich Claß meinte gar: „Ich werde vor keinem Mittel zurückschrecken und mich in dieser Hinsicht an den Ausspruch Heinrich von Kleists, der auf die Franzosen gemünzt war, halten: Schlagt sie tot, das Weltgericht fragt Euch nach den Gründen nicht!“[48] In dieser Meinung traf sich Claß durchaus mit dem stillschweigend nach Holland exilierten Hohenzollernkaiser Wilhelm II., der 1929 diktierte, Juden und Mücken seien „eine Pest, von der sich die Menschheit so oder so befreien muß" – und die entthronte Majestät fügte noch eigenhändig an: „Ich glaube, das Beste wäre Gas ..."[49]

Die Republik von Weimar galt vielen Deutschen als „Judenrepublik".* Diese Verachtung hatte eine antisemitische und eine antidemokratische Komponente. Wegweisend für das antidemokratische Ressentiment der Zeit nach Kriegsende und Revolution 1918, durch das letztlich auch jene, die selber keine überzeugten Nationalsozialisten gewesen sind, Hitler den Weg zur Macht und in den nächsten Krieg eröffneten, war nicht zuletzt der beständige Verweis auf die „Front", auf das blutige Geschehen der Kriegsjahre. „In der Weimarer Republik und den Anfängen des nationalsozialistischen Regimes war die Bezugnahme auf das Kriegserlebnis des Weltkrieges eine fast unabdingbare Redefloskel ... Aus den Erlebnissen und Erfahrungen, die der kämpfende Soldat im Weltkrieg gemacht hatte, sollten die Grundlagen für einen neuen deutschen Staat und eine vollkommene Ordnung menschlichen Zusammenlebens gewonnen werden."[50] Freilich gab es mehrere Möglichkeiten, den Krieg zu deuten und die schrecklichen Erlebnisse des Soldaten zu bewältigen: So konnte der Krieg als Geißel der Menschheit begriffen werden, als sinnloses Blutvergießen, das zum Unglück der Welt nicht hatte verhindert werden können, das sich aber keinesfalls wiederholen dürfe. Diese Auffassung eines Ossietzky, eines Tucholsky, eines Remarque war

* Im Kreuzverhör beim OKW-Prozeß von Nürnberg bekannte der Angeklagte General Otto Wöhler, ehemals Stabschef der 11. Armee, auf die Frage nach den Massenmorden in seinem Verantwortungsbereich: „In Deutschland haben wir das jüdisch-bolschewistische System in den ersten Jahren nach dem 1. Weltkrieg zur Genüge erlebt."

zwar durchaus populär (Remarques Roman „Im Westen nichts Neues" ist das bei weitem auflagenstärkste Kriegsbuch der Weimarer Zeit gewesen), blieb aber letztlich Minderheitsmeinung – als „Kriegserlebnis eines Untermenschen" qualifizierte der Nationalsozialist Franz Schauwecker Remarques Werk ab, und Friedrich Georg Jünger erklärte: „Dieses Buch drückt am reinsten den Geist der Niederlage aus. Ein Privatmann ohne Staatsgesinnung und ohne nationales Empfinden verurteilt den Krieg, weil er rauh und rücksichtslos in das höchstprivate Behagen seiner bürgerlichen Jugend einbrach."[51]

Mit anderen Worten: Durchgesetzt hat sich 1918–1933 nicht die eine pazifistische oder jedenfalls friedensorientierte Sicht der zurückliegenden Kriegsereignisse und -erlebnisse (bezeichnenderweise wurde die Filmversion von Remarques Roman 1931 von der Zensur verboten!), sondern jene andere Interpretation der Vergangenheit, die im Krieg „ein selbstverständlich, wenn nicht freudig hingenommenes Schicksal" erblickt, „das trotz seiner Widrigkeiten und Fährnisse das Leben angesichts des Todes im Tiefsten ergreift und verwandelt und die soldatische Existenz im ‚Höllenrachen' des Krieges als Basis einer neuen Menschwerdung begreift."[52]

Auch gab es in den rund vierzehn Jahren zwischen dem Ende des Ersten Weltkriegs (November 1918) und der nationalsozialistischen Machtergreifung (Januar 1933) ja durchaus Gelegenheit, die „soldatische Existenz" weiterhin praktisch zu erproben – in den Freikorps etwa, die im Baltikum und gegen Polen kämpften, bei den Fememorden an politischen Gegnern, die oft genug ungesühnt blieben, und schließlich in den paramilitärischen Organisationen der Nationalsozialisten wie SA und SS. Dies läßt sich exemplarisch an zwei Karrieren erläutern. Da ist einerseits der General a.D. Rüdiger Graf von der Goltz, nach dem Weltkrieg Anführer der „Eisernen Division", eines im Baltikum kämpfenden Freikorps. 1936 veröffentlichte er seine Memoiren, in denen er schrieb: „Manches, was 1920 noch nicht öffentlich gesagt werden durfte, habe ich nach der Machtergreifung durch Adolf Hitler offen aussprechen dürfen ... Völkische Kameradschaft ist das große Erbe des Weltkrieges und der Schlüssel zur Zukunft des Dritten Reiches, dem zu dienen wir verpflichtet sind ..."[53] Und da ist andererseits der Werdegang des Rudolf Höß, der später das Konzentrationslager Auschwitz kommandiert hat:[54] Er wird im Jahre 1900 in Baden-Baden geboren und wächst in einem strikt katholischen Elternhaus auf, in dem der überstrenge Vater sehr gerne von seinen Kriegserlebnissen in Deutsch-Ostafrika erzählte, die er auch als Teil eines „Rassenkampfes" im Sinne seiner Generale gedeutet haben mag. Höß junior meldete sich bereits 1915, unter Verheimlichung seines wahren Alters, als Kriegsfreiwilliger und brachte es auf dem türkischen Kriegsschauplatz zum Unteroffizier. Nach Kriegsende beteiligte er sich an Freikorpskämpfen unter anderem in Oberschlesien und im Ruhrgebiet, wurde wegen eines Fememordes 1923 zu zehn Jahren Zuchthaus verurteilt, aber im Zuge einer Amnestie 1928 freigelassen. 1933 trat er der SS bei und versah ab 1934 im ersten großen Konzentrationslager, im KZ Dachau, Aufsichtsdienst.

Was auch immer im einzelnen die Gründe gewesen sein mögen: Die kurzlebige Republik von Weimar hat es, alles in allem genommen, jedenfalls nicht verstanden, bei der Mehrheit ihrer Bürger jene zivilen Tugenden einzuüben, die diese instande gesetzt hätten, der offenkundigen Kriegspolitik Hitlers Widerstand entgegenzusetzen.[55] Im Gegenteil: Bei Millionen stieß diese Politik auf begeisterte Unterstützung. Nur so wurde möglich, was später an Schrecklichem geschah.

Zweiter Teil

Nationalsozialismus und Krieg

1. Die Vorkriegszeit 1933–1939

Die „Machtergreifung" Adolf Hitlers am 30. Januar 1933 hatte zu einem Konflikt zwischen der in der Weimarer Republik etablierten Reichswehr und den nicht immer kontrollierbaren paramilitärischen Formationen der SA geführt. Im Erlaß über die Wehrmachtspropaganda vom 21. April 1934 heißt es mit deutlichem Bezug auf diese Konkurrenzsituation: „Die Wehrmacht muß im öffentlichen Leben mehr als bisher in Erscheinung treten als alleiniger Waffenträger der Nation, als im Sinne der Regierung Hitler absolut zuverlässig, als im nationalsozialistischen Denken planmäßig erzogen." Solche Ergebenheitsbekundungen, die der Reichswehrgeneralität kaum schwergefallen sein dürften, lohnten sich, denn im „Loyalitätswettlauf" behielten die Militärs die Nase vorn – am 30. Juni 1934 wurde die SA-Führung gewaltsam ausgeschaltet („Röhm-Putsch"). General Werner von Blomberg, Kriegsminister und bis 1938 Oberbefehlshaber aller Truppen, verkündete in seinem Tagesbefehl vom 1. Juli 1934, die Wehrmacht werde durch „Hingabe und Treue" danken, daß der Führer die Verräter und Meuterer niedergeschmettert habe.

Schon kurz darauf, nach dem Tod des Reichspräsidenten Paul von Hindenburg am 2. August 1934, wurden die deutschen Streitkräfte auf den „Führer" Adolf Hitler vereidigt – und zwar mit folgender Formel: „Ich schwöre bei Gott diesen heiligen Eid, daß ich dem Führer des Deutschen Reiches und Volkes, Adolf Hitler, dem Obersten Befehlshaber der Wehrmacht unbedingten Gehor-

Soldaten der Wehrmacht schwören, „dem Führer des Deutschen Reiches und Volkes, Adolf Hitler, dem Oberbefehlshaber der Wehrmacht, unbedingten Gehorsam“ zu leisten

sam leisten und als tapferer Soldat bereit sein will, jederzeit für diesen Eid mein Leben einzusetzen.“

Am 16. März 1935 wurde per Gesetz die allgemeine Wehrpflicht eingeführt. Im Wehrgesetz vom Mai 1935 heißt es dann in Paragraph 15: „Arische Abstammung ist eine Voraussetzung für den aktiven Wehrdienst.“ Die Hochrüstung der Wehrmacht begann, und eine Flut von kriegsverherrlichendem, dabei oft wüst antisemitischem Propagandamaterial ergoß sich über das sie vielerorts begeistert aufsaugende Land. Im Jahr 1936 sah der offizielle Rüstungsplan vor, bis 1939 eine Feldarmee von 44 Divisionen und 2,4 Millionen Soldaten aufzustellen – daß es hier nicht mehr um Verteidigung ging, hätte wohl jedermann klar werden können ...

1936 begann auch der „Spanische Bürgerkrieg“ durch einen bewaffneten Aufstand des Generals Francisco Franco Bahamonde gegen die Spanische Republik. Dieser Aufstand hätte ohne die Unterstützung der Hitler-Regierung niemals Erfolg gehabt, denn General Franco blieb mit seinen regulären Truppen zunächst in Marokko isoliert und vom Festland abgeschnitten. Nur durch Unterstützung der deutschen Luftwaffe konnten in wenigen Wochen über eine „Luftbrücke“ Marokko-Spanien 30000 Soldaten samt Ausrüstung von Ceuta nach Sevilla transportiert werden. In der Folge griffen deutsche Freiwillige der „Legion Condor“ massiv ins Kriegsgeschehen ein, bombardierten aus der Luft die republikanischen Milizen, aber auch die Städte und die dort ansässige Zivilbevölkerung. Am 26. April 1937 wurde von 16.30 Uhr bis 19.30 Uhr Ortszeit die baskische Stadt Gernica[56] angegriffen, wobei Bomber der Typen Ju-52 und He-111 in mehreren Wellen – geschützt durch Jagdflugzeuge – über die Stadt flogen, um 50000 Kilogramm Bomben und Brandbomben auf sie abzuwerfen, was von den circa 7000 Einwohnern der kleinen Stadt 1654 Menschen das Leben kostete und 889 verletzte. Zwei Drittel aller Gebäude Gernicas waren nach dem Terrorangriff zerstört. Die Motive dieses Angriffes sind bis heute nicht geklärt; Gernica war ein Verkehrsknotenpunkt und sollte möglicherweise deshalb vernichtet werden; dort befanden sich aber auch das baskische Parlament und, als Ziel von nicht geringer symbolischer Bedeutung, die „Heilige Eiche“ des Baskenlandes. Eines aber ist gewiß: „Der spanische Bürgerkrieg war eine gute Gelegenheit, meine junge Luftwaffe auf die Probe zu stellen, damit meine Leute dort Erfahrung sammeln konnten“, sagte Hermann Göring während des Nürnberger Prozesses gegen die Hauptkriegsverbrecher. Bei der Zerstörung von Rotterdam, von London, Coventry und Belgrad (dazu siehe weiter unten) konnte diese Erfahrung mit Terrorangriffen aus der Luft dann nutzbringend angewendet werden.

Ein Jahr später, 1938, übernahm Adolf Hitler auch formell den Oberbefehl über die Deutsche Wehrmacht, deren Soldaten ja schon seit vier Jahren auf ihn ganz persönlich vereidigt worden waren – und nur auf ihn, nicht etwa auf irgendwelche Inhalte einer (faktisch allerdings ohnehin außer Kraft gesetzten) Verfassung. Der verbissenen Dienstbereitschaft von Millionen deutscher Krieger hat all dies keinen Abbruch getan – eher war, so scheint es, das Gegenteil der Fall. Ein bezeichnendes Licht fällt auf die innere Disposition zumindest der Wehrmachtsoffiziere, wenn wir einen Privatbrief des Generaloberst Werner Freiherr von Fritsch an die Baronin Schutzbar zitieren. Von Fritsch war bis Februar 1938 Oberbefehlshaber des Heeres gewesen und verlor sein Kommando, weil ihm eine homosexuelle Affäre nachgesagt worden war (es wurde von Generalfeldmarschall Walther von Brauchitsch übernommen, bis Hitler 1941 auch diese Funktion höchstpersönlich ausübte).[57] Dieser Offizier hatte am 11. Dezember 1938 geschrieben: „Bald nach dem Krieg kam ich zur Ansicht, daß 3 Schlachten siegreich zu schlagen seien, wenn Deutschland wieder mächtig werden sollte. 1. die Schlacht gegen die Arbeiterschaft, sie hat Hitler siegreich geschlagen. 2. gegen die katholische Kirche, besser gesagt gegen den Ultramontanismus und 3. gegen die Juden. In diesen Kämpfen stehen wir noch mitten drin. Und der Kampf gegen die Juden ist der schwerste. Hoffentlich ist man sich über die Schwere dieses Kampfes überall klar.“[58]

Ein Jahr später freilich gab es zu solcher Unklarheit kaum noch eine Veranlassung. Fritsch selber starb am

22. September 1939, drei Wochen nach dem Beginn des Polenfeldzuges, im feindlichen Maschinengewehrfeuer; vier Tage später fand das feierliche Staatsbegräbnis statt.

2. Der Zweite Weltkrieg bis 1941

Der Überfall auf Polen

Am 22. August 1939 hatte Hitler die Militärbefehlshaber seines „Dritten Reiches“ zu sich auf den Obersalzberg geladen. Ab 12 Uhr Mittag – so das von Oberregierungsrat Helmuth Greiner geführte „Kriegstagebuch des Oberkommandos der Wehrmacht (OKW)“ – „legte der Führer den auf dem Berghof versammelten Oberbefehlshabern, höheren Befehlshabern und Chefs der Generalstäbe der drei Wehrmachtsteile in mehrstündiger Rede die Gründe für seinen Entschluß zum Kriege gegen Polen dar.“

Hitler war dabei alles andere als zurückhaltend. „Ich habe nur Angst“, erklärte er in seiner weitläufigen Rede, „daß mir noch im letzten Moment irgendein Schweinehund einen Vermittlungsplan vorlegt.“ Nach einstündiger Mittagspause erläuterte er dann ab 15.00 Uhr seine genaueren Vorstellungen vom bevorstehenden „Blitzkrieg“ und machte kein Hehl daraus, welches Schicksal Polen drohe: Die „Beseitigung der lebenden Kräfte“ sei das Ziel, die „restlose Zertrümmerung Polens“; von den Militärs verlange er „größte Härte“ und „brutales Vorgehen“ – es dürfe „auch kein Mitleid, keine menschlichen Rührungen geben“. Schließlich gehe es nicht um Recht, sondern um Sieg.

Die Devise Hitlers war somit klar zusammengefaßt: „Herz verschließen gegen Mitleid. Brutales Vorgehen. Schnelligkeit die Hauptsache“. Und kein Widerspruch regte sich. Nach Kriegsende allerdings wurden beide Reden von den Anklägern im Prozeß von Nürnberg als Beweisstück benutzt. Und sehr zu Recht ist von diesem Treffen am 22. August 1939 gesagt worden: „Wer sich solche Reden bieten läßt, der marschiert auch – in blindem Gehorsam.“[59]

Und genau so geschah es auch: Am 1. September 1939 trat der „Führer und Reichskanzler“ in feldgrauer Uniformjacke vor den Reichstag und erklärte: „Seit 5 Uhr 45 wird jetzt zurückgeschossen“ – was nicht ganz den Tatsachen entsprach, denn die Beschießung des polnischen Festungswerkes „Westerplatte“ im Hafen von Danzig durch das deutsche Linienschiff „Schleswig-Holstein“ hatte bereits eine Stunde früher begonnen, aber natürlich wagte es niemand, den Irrtum eines Diktators zu korrigieren.

Das Erfolgsrezept der deutschen Truppen hieß in der Tat Schnelligkeit und Rücksichtslosigkeit – schon nach 5 Tagen erreichten ihre ersten Panzer die Warschauer Vororte; am 6. September floh die polnische Regierung aus ihrer Hauptstadt. Die weltberühmte Stadt, das „Paris des Ostens“, wurde durch Artilleriefeuer und Fliegerbombardements sturmreif geschossen. Bereits am 17. September war die Rote Armee in Ostpolen einmarschiert, weshalb es Hitler mit der Eroberung Warschaus eilig hatte. In einer Radioansprache vom 26. September wandte sich Staatspräsident Starzynski an die Weltöffentlichkeit: „Warschau brennt ... 60000 Gefallene, 100000 Verwundete, das ist das Ergebnis des schrecklichen Vernichtungswerks der Angreifer.“ Am 2. Oktober übergab der polnische Kommandant, General Juliusz Rommel, die Trümmer der Stadt an den Befehlshaber der 8. deutschen Armee, General Johannes Blaskowitz. Bereits vier Tage zuvor, am 28. September, hatten Hitler-

Deutschland und die Sowjetunion die fünfte Teilung Polens vereinbart. In einem Erlaß vom 8. Oktober trennte Hitler sogenannte „eingegliederte Ostgebiete“ vom Restgebiet, dem „Generalgouvernement Polen“, das dem in Krakau residierenden Gouverneur Dr. Hans Frank unterstand (Frank wurde im Nürnberger Prozeß gegen die Hauptkriegsverbrecher 1946 zum Tode verurteilt und hingerichtet).

Schon im Herbst 1939 begann eine rücksichtslose Ausbeutung Polens und die brutale Verfolgung seiner Einwohner, vor allem der Juden. Dies blieb auch den Soldaten der Wehrmacht keineswegs verborgen. Der mit der Durchführung dieser Maßnahmen beauftragte SS-Obergruppenführer Reinhard Tristan Heydrich fertigte hierzu am 2. Juli 1940 einen Bericht über die Einsätze in der Ostmark (Österreich), in der ehemaligen Tschechoslowakei und in Polen an, in dem es unter anderem hieß: „Das Zusammenarbeiten mit der Truppe unterhalb der Stäbe und in vielen Fällen auch mit den verschiedenen Stäben des Heeres war im allgemeinen gut; lediglich über grundsätzliche Fragen der Staatsfeindbekämpfung bestand in vielen Fällen bei den höheren Befehlshabern des Heeres eine grundsätzlich andere Auffassung ... Während bis zum polnischen Einsatz diese Schwierigkeiten im allgemeinen durch persönliche Fühlungnahme und Aufklärung zu meistern waren, bestand diese Möglichkeit beim polnischen Einsatz nicht. Ursache lag jedoch hier darin, daß die Weisungen, nach denen der polizeiliche Einsatz handelte, außerordentlich radikal waren (z.B. Liquidierungsbefehl für zahlreiche polnische Führungskreise, der in die Tausende ging), daß den gesamten führenden Heeresbefehlsstellen und selbstverständlich auch ihren Stabsmitgliedern dieser Befehl nicht mitgeteilt werden konnte, so daß nach außen hin das Handeln der

Polizei und SS als willkürliche, brutale Eigenmächtigkeit in Erscheinung trat ..."

In der Tat hatte zum Beispiel Generaloberst Johannes Blaskowitz am 6. Februar 1940 dem Oberbefehlshaber des Heeres, Generalfeldmarschall Walther von Brauchitsch,[60] in aller Offenheit darüber berichtet, daß „gerade die in letzter Zeit sich anhäufenden Gewalttaten der polizeilichen Kräfte einen ganz unbegreiflichen Mangel menschlichen und sittlichen Empfindens" offenbaren würden. Und es gab auch Offiziere, die in Briefen in die Heimat schrieben, sie schämten sich, „ein Deutscher zu sein".[61] Aber dies war die Haltung einer kleinen Minderheit – die Mehrheit tat, wenn es sich so ergab, bei allen Greueltaten willig mit. Generalstabschef Franz Halder, in voller Kenntnis der Vorhaltungen des Generaloberst Blaskowitz, erklärte sogar, „die Verhältnisse in Polen würden später vergessen – sie seien gar nicht so schlimm" (so das Tagebuch des Offiziers Helmuth Groscurth, der weiter unten noch einmal Erwähnung finden wird).

Summa summarum sind alle diese Äußerungen des Unmutes und, selten genug, auch des Widerstandes, wohl kaum zur „Ehrenrettung" für *die* Wehrmacht geeignet. Im Gegenteil – sie bezeugen erstens, daß derartige Greueltaten ganz und gar nicht heimlich, sondern gut wahrnehmbar geschahen, und zweitens, daß man, trotz kurzfristiger Empörung, sich auf Dauer mit ihnen zu arrangieren wußte, wenn man sie nicht ohnehin rundweg billigte.

Und beide Seiten – das Oberkommando der Wehrmacht wie die SS-Führung – lernten rasch aus jenen polnischen Querelen. Für den nächsten großen Vernichtungsfeldzug, den gegen Sowjetrußland, wurde eine effektive Arbeitsteilung vereinbart und, wie später beleuchtet werden soll, in der Praxis auch durchgehalten.

Die „Westfront"

Seit dem 3. September befand sich das „Großdeutsche Reich" im Krieg mit Frankreich und Großbritannien, den Verbündeten des mittlerweile besiegten Polens. Am 23. November 1939 hatte Hitler vor den Oberbefehlshabern der Wehrmacht seinen „unabänderlichen" Entschluß verkündet, Frankreich und England anzugreifen, die Verletzung der Neutralität Belgiens und Hollands sei dabei bedeutungslos. Der Beginn der „Westoffensive" wurde zunächst auf den 17. Januar 1940 festgesetzt, dann aber verschoben, um zuvor Norwegen und Dänemark besetzen zu können; am 1. März 1940 unterzeichnete Hitler die erste operative Weisung für diesen Nordfeldzug („Unternehmen Weserübung"), der am 9. April 1940 begann – ohne jede Kriegserklärung.

Am 10. Mai begann dann die deutsche Offensive im Westen, deutsche Flugzeuge starteten zu Terrorangriffen auf das französische Hinterland (zum Beispiel auf Marseille); am 14. Mai wurde Rotterdam aus der Luft zerstört, tags darauf kapitulierten die niederländischen Streitkräfte. Das Unternehmen „Weserübung" wurde am 10. Juni mit der Kapitulation der norwegischen Truppen unter General Ruge abgeschlossen, am selben Tag trat Italien in den Krieg ein. Am 16. Mai entschied sich die Mehrheit des französischen Kabinetts für das Ersuchen um einen Waffenstillstand, der am 22. Juni geschlossen wurde. Am 24. Juni kam zudem ein französisch-italienischer Waffenstillstand hinzu, ab dem 25. herrschte Waffenruhe. Frankreich war nördlich und westlich der Linie Genf-Dole-Tours-Mont de Marsan-spanische Grenze von deutschen Truppen besetzt, im Süden lag das Gebiet der Regierung Pétain, die

die französischen Streitkräfte auf 100000 Mann reduzieren mußte.

Im Sommer 1940 wurde dann in der „Luftschlacht um England“ (ab 13. August) versucht, durch regelmäßige Angriffe von rund 2000 Flugzeugen Großbritannien „friedensbereit“ zu bombardieren. Ab Mitte September gingen die von Hugo Sperrle und Albert Kesselring befehligten Luftflotten 2 und 3 (dieser letztgenannte General wird später verantwortlich für die Wehrmachtsverbrechen in Italien, siehe dazu weiter unten) zum Städtebombardement über, das bis zum Jahresende 1940 alleine in London 14000 Todesopfer forderte. Im November zeigte die deutsche Luftwaffe, was sie bei der Verwüstung von Gernica hatte „üben“ können, und flog einen bis dahin beispiellosen Terrorangriff gegen die britische Industriestadt Coventry. Der Luftwaffenführungsstab wußte, was er tat: „Eine Zerstörung von Coventry muß auf alle Fälle sehr schwerwiegende Störungen in der gesamten Flugmotorenindustrie erzeugen, möglicherweise können die Folgen katastrophal sein. Infolge der geschilderten Gemengelage von Wohnhäusern und Industrieanlagen muß die gesamte Zielfläche wegen der großen Brandgefahr als hochgradig luftempfindlich bezeichnet werden“ – so hieß es bei der Erörterung des Zieles.[62] Der Angriff auf Coventry fand am 14. November 1940 statt, wobei nicht nur die Kathedrale zerstört wurde, sondern in einem Feuersturm ganze Stadtteile in Schutt und Asche sanken[63] – ein Schicksal, das im Gegenzug später eine deutsche Stadt nach der anderen ereilen sollte.

Dieser Westfeldzug, so ließe sich pointiert sagen, folgte dennoch quasi den „traditionellen“ Bahnen rücksichtsloser, das Völkerrecht, wo immer dies Vorteile versprach, bereitwillig mißachtender deutscher Kriegsführung im Ersten Weltkrieg – die Verletzung der Neutralität

Belgiens hatte beim deutschen Militär gleichsam schon Tradition, und eine primär gegen die Zivilbevökerung gelenkte „Luftschlacht“ würde gewiß auch die Oberste Heeresleitung Hindenburg/Ludendorff 1916 bereitwillig entfesselt haben, hätte man nur über bessere technische Mittel als über die wenig wendigen und verwundbaren Zeppeline verfügt! Freilich hatte sich bereits 1939 während der Niederwerfung Polens das Ausmaß des späteren Vernichtungskrieges gegen die Sowjetunion angekündigt, und im Verlauf des Zweifrontenkrieges, als das Kriegsglück die siegesgewohnte Deutsche Wehrmacht verließ, wurden ihr Vorgehen auch an der Westfront immer härter (siehe dazu weiter unten; S. 97f.).

Jedenfalls hätte, trotz des anhaltenden deutschen Kriegsglückes, schon zu diesem Zeitpunkt jeder deutsche Soldat die Maßlosigkeit und Rücksichtslosigkeit des Hitlerschen Feldherrentums durchschauen können. Dennoch: „Wir werden weitermarschieren“, so sangen die deutschen Soldaten, „wenn alles in Scherben fällt“ – und so kam es dann ja auch. Schon kurz nach ihren großen Siegen im Westen, die die ganze Welt in Angst und Schrecken versetzten, gingen Hitler und seine Generäle daran, einen Krieg zu planen, wie ihn die Welt noch nicht gesehen hatte – nämlich den Überfall auf die Sowjetunion.

3. Der Vernichtungskrieg gegen die Sowjetunion ab 1941

Schon am 18. Dezember 1940 hatte Adolf Hitler in seiner Weisung Nr. 21 verfügt: „Die deutsche Wehrmacht muß darauf vorbereitet sein, auch vor Beendigung des Krieges gegen England Sowjetrußland in einem schnellen Feldzug niederzuwerfen (Fall Barbarossa)."

Bevor auf diesen Krieg näher eingegangen wird – auf einen Feldzug, wie es ihn zuvor noch nie gegeben hatte: das größte und grausamste Militärunternehmen der Menschheitsgeschichte, für das sich eine Streitmacht von 136 Divisionen, das sind rund 3 Millionen Soldaten, in Marsch setzte! –, soll noch kurz die Kommandostruktur der deutschen Streitkräfte erläutert werden. Nachdem der bereits erwähnte Reichskriegsminister von Blomberg, der die Reichswehr schon vor 1933 befehligt hatte, im Jahre 1938 aus seinem Amt schied, wurde das Oberkommando der Wehrmacht (OKW) gebildet, in dem Hitler selber den Oberfehl an sich zog. Dieses OKW übernahm einerseits die Funktion des aufgelösten Kriegsministeriums und diente andererseits als persönlicher Stab Hitlers in allen militärischen Fragen. Chef des in acht Abteilungen gegliederten OKW war Generalfeldmarschall Wilhelm Keitel. Zu diesen Abteilungen seines Oberkommandos gehörten z. B. das Wehrmachtsführungsamt (ab August 1940 Wehrmachtsführungsstab) unter Generaloberst Alfred Jodl und das Allgemeine Wehrmachtsamt unter General der Infanterie Hermann Reinecke. Diesem letztgenannten Amt war auch die

Amtsgruppe „Chef des Kriegsgefangenenwesens" zugeordnet; ihr Leiter – Oberst Hans-Joachim Breyer – hatte auch das Amt des „Inspekteurs der Kriegsgefangenenlager" inne (bis Ende 1941[64]).

Bereits im Sommer 1940 hatte Hitler in mehreren Besprechungen mit den Spitzen des Heeres seine Kriegsziele im Osten umrissen: Nicht nur um einen gewissen Raumgewinn gehe es, der russische Staat müsse total „zerschlagen" werden. Am 30. März 1941, rund drei Monate nach seiner ersten Weisung zum „Fall Barbarossa" (siehe oben), faßte Hitler in einer anderthalbstündigen Rede vor über 250 hohen Offizieren aus allen Teilen der – wortwörtlich! – auf ihn eingeschworenen Streitkräfte seine Konzeption wesentlich konkreter zusammen: „Wir müssen", so Hitler, „von dem Standpunkt des soldatischen Kameradentums abrücken"; der Kommunist sei „vorher kein Kamerad und nachher kein Kamerad". Und Generalstabschef Franz Halder notierte sich bei derselben Zusammenkunft auch den folgenden Satz: „Wir führen nicht Krieg, um den Feind zu konservieren."[65]

Diese deutlichen Richtlinien, die über Hitlers brutale Direktiven zum Polenfeldzug noch weit hinausgingen, wurden alsbald praktisch umgesetzt, ohne daß sich seitens der hohen Generalität jemals Widerstand geregt hätte. Schon am 14. Mai 1941 lag ein von den Feldmarschällen Keitel und Jodl unterzeichneter bzw. gegengezeichneter Entwurf eines „Erlasses über die Ausübung der Gerichtsbarkeit im Gebiet Barbarossa und über besondere Maßnahmen der Truppe" vor, der darauf hinauslief, die Zivilbevölkerung in voller Absicht zum vollkommen recht- und wehrlosen Opfer eines beispiellosen Vernichtungskrieges zu machen. Diese Absicht wird in aller Klarheit verdeutlicht etwa durch Satz 1 des Abschnittes II: „Für Handlungen, die Angehörige der Wehrmacht und des Gefolges gegen feindliche Zivilpersonen begehen, besteht kein Verfolgungszwang, auch dann nicht, wenn die Tat zugleich ein militärisches Verbrechen oder Vergehen ist."

Quasi als konkretisierende Durchführungsbestimmung zu diesem barbarischen „Barbarossaerlaß" kann dann der „Kommissarsbefehl" vom Juni 1941 gesehen werden, von dem später ausführlich die Rede sein wird.

Als am 22. Juni 1941 deutsche Streitkräfte den Angriff auf die Sowjetunion begonnen hatten und im Verlaufe ihres Feldzuges zunächst sehr beachtliche Anfangssiege erzielen konnten, gab sich die Generalität von Anfang an alle Mühe, ihre Gefolgschaft ideologisch auf die „Härte des Weltanschauungskrieges", sprich: auf die Notwendigkeit des Massenmordes, einzustimmen. In diesem Zusammenhang hat vor allem der Erlaß des Oberbefehlshabers der 6. Armee, damals Generalfeldmarschall Walter von Reichenau, datiert vom 10. Oktober 1941, traurige Bekanntheit erlangt. In diesem Dokument heißt es wörtlich: „Das wesentliche Ziel des Feldzuges gegen das jüdisch-bolschewistische System ist die völlige Zerschlagung der Machtmittel und die Ausrottung des asiatischen Einflusses im europäischen Kulturkreis." Und weiter ist zu lesen: „Hierdurch entstehen auch für die Truppe Aufgaben, die über das hergebrachte einseitige Soldatentum hinausgehen. Der Soldat ist im Ostraum nicht nur ein Kämpfer nach den Regeln der Kriegskunst, sondern auch Träger einer unerbittlichen völkischen Idee und Rächer für alle Bestialitäten, die deutschem und artverwandtem Volkstum zugefügt wurden. Deshalb muß der Soldat für die Notwendigkeit der harten, aber gerechten Sühne am jüdischen Untermenschen volles Verständnis haben ..."

Dieser Armeebefehl wurde bis zur Kompanieebene weitergegeben – er hat somit alle Soldaten der 6. Armee erreicht, denen also nicht verborgen bleiben konnte, daß ihr Auftrag weit über die Traditionen des „hergebrachten Soldatentums“ hinausging. Ja, Feldmarschall Gerd von Rundstedt, damals Oberbefehlshaber der Heeresgruppe Süd und mithin Reichenaus Vorgesetzter, sandte dessen Schriftsatz auch an die anderen ihm unterstehenden Truppenverbände – die 11. und die 17. Armee, an die Panzergruppe 1 und an den Befehlshaber des Rückwärtigen Heeresgebietes, und zwar mit der Bitte um Weitergabe an ihre jeweiligen Truppenteile. Zudem hatte auch Generalfeldmarschall von Brauchitsch, der Oberbefehlshaber des Heeres, bestimmt, daß der Reichenau-Befehl als beispielhaft an alle Heeresgruppen, Armeen, Panzergruppen und rückwärtige Heeresgebiete weitergeleitet werden solle – mit dem ausdrücklichen Wunsch, „im gleichen Sinne entsprechende Anordnungen zu erlassen“.

Soll man wirklich annehmen, all diese Direktiven seien ungehört verhallt? Das Gegenteil war der Fall! General Reichenau selber starb 1942 an den Folgen eines Gehirnschlages; sein Armeekommando wurde von Generalfeldmarschall Friedrich Paulus übernommen, jenem Offizier, der wenig später samt den Resten seiner Armee im Kessel von Stalingrad kapitulieren mußte. Aber nicht nur Reichenau, der als entschiedener Nationalsozialist galt, sondern auch andere, angeblich eher „technokratisch-unpolitisch“ gesonnene Generäle erließen, als ihnen durch Rundstedts Initiative der Reichenau-Erlaß bekannt geworden war, alsbald ganz ähnliche Befehle: so etwa Generaloberst Hermann Hoth, Chef der Panzergruppe 3 bzw. der 17. Armee, der im November 1941 per Befehl verkündete, daß das deutsche Herrentum „in der Freiheit von Mitleid und Weichheit gegenüber der Bevölkerung“ bestehe, und Generaloberst Erich von Manstein, seit 17. September 1941 Oberbefehlshaber der 11. Armee, der in einem Befehl vom 20. November 1941, der bis zu den Regimentern und Bataillonen weiterzureichen war, in aller Klarheit betonte: „Das jüdisch-bolschewistische System muß ein für allemal ausgerottet werden...Für die Notwendigkeit der harten Sühne am Judentum, dem geistigen Träger des bolschewistischen Terrors, muß der Soldat Verständnis aufbringen.“[66]

Noch ein weiteres Dokument soll hier auszugsweise zitiert werden. Kaum minder deutlich als die Befehle der Frontgeneräle ist eine Weisung des Chefs des Heerespersonalamtes, des Generalmajors Rudolf Schmundt, rund ein Jahr später (31. 10. 1942): „Jeder Offizier muß von der Erkenntnis durchdrungen sein, daß in erster Linie der Einfluß des Judentums dem deutschen Volk den Anspruch auf Lebensraum und Geltung in der Welt streitig macht und zum zweiten Mal unser Volk zwingt, mit dem Blut seiner besten Söhne sich gegenüber einer Welt von Feinden durchzusetzen. Der Offizier muß deshalb eine eindeutige, völlig kompromißlose Haltung in der Judenfrage einnehmen. Es gibt keinen Unterschied zwischen sogenannten anständigen Juden und anderen. Es darf ebensowenig Rücksichtnahme geben auf Beziehungen irgendwelcher Art, die zu einer Zeit bestanden haben, zu der die Erkenntnis der Gefahr des Judentums noch nicht Allgemeingut des deutschen Volkes war ... Wer gegen diese kompromißlose Haltung verstößt, ist als Offizier untragbar.“

Die ganz überwiegende Mehrheit deutscher Offiziere und Soldaten erwies sich jedoch im Sinne des Vernichtungskrieges nicht bloß als „tragbar“, sondern durchaus als befähigt. Was bedeutete dies im einzelnen? Anhand einiger ausgewählter Kapitel – die selbstverständlich die gesamte Chronologie des Grauens nicht einmal näherungsweise umfassen können – soll dieser erbarmungslose Krieg an der Ostfront jetzt näher charakterisiert werden.

Die Behandlung der sowjetischen „Kommissare"

Der den „Barbarossaerlaß" konkretisierende sogenannte Kommissarbefehl, dessen endgültige Formulierung bereits am 6. Juni 1941 vorlag, bestimmte rundweg die Ermordung einer ganzen Menschengruppe – und zwar durch die Soldaten der Wehrmacht selber. An der völkerrechtswidrigen Natur dieses Vorhabens konnte kein Zweifel bestehen – „es darf kein Gegner getötet werden, der sich ergibt, auch nicht der Freischärler und der Spion", hieß es, der Haager Landkriegsordnung entsprechend, in den bereits eingangs erwähnten „10 Geboten für die Kriegsführung des deutschen Soldaten", die ja im Soldbuch eines jedes Wehrmachtssoldaten nachzulesen waren. Diese Grundsätze außer Kraft zu setzen, fiel der Wehrmachtsführung jedoch keineswegs schwer, als sie in jenem „Kommissarbefehl" die folgenden Forderungen festschrieb:

„Im Kampf gegen den Bolschewismus ist mit einem Verhalten des Feindes nach den Grundsätzen der Menschlichkeit oder des Völkerrechtes nicht zu rechnen. Insbesondere ist von den politischen Kommissaren aller Art als den eigentlichen Trägern des Widerstandes eine haßerfüllte, grausame und unmenschliche Behandlung unserer Gefangenen zu erwarten. Die Truppe muß sich bewußt sein:

1. In diesem Kampf ist Schonung und völkerrechtliche Rücksichtnahme diesen Elementen gegenüber falsch. Sie

sind eine Gefahr für die eigene Sicherheit und die schnelle Befriedung der eroberten Gebiete.

2. Die Urheber barbarisch asiatischer Kampfmethoden sind die politischen Kommissare. Gegen diese muß daher sofort und ohne weiteres mit aller Schärfe vorgegangen werden. Sie sind daher, wenn im Kampf oder Widerstand ergriffen, grundsätzlich sofort mit der Waffe zu erledigen."

Und wie sah die Praxis aus? Es kann, trotz aller späteren Schutzbehauptungen, „aufgrund der erhalten gebliebenen Dokumente und Meldungen als sicher gelten, daß der Befehl – bis auf wenige Ausnahmen – an der Ostfront mit letzter Konsequenz befolgt wurde", schreibt einer der besten Kenner der Aktenlage, der ehemalige Staatsanwalt Heinz Arzt.[67]

Ein Beispiel für die Realität auf dem Kriegsschauplatz sei hier zitiert – der Bericht des Feldwebels Schammler von der 62. Infanteriedivision. Schammler nahm auf einer Anhöhe 42 Soldaten der Roten Armee gefangen. Dann sah er die Leiche eines Deutschen, dem ein Messer im Hals steckte. Seine Reaktion: Er ging sofort zu jener Erdmulde zurück, wo die Gefangenen lagerten, um, wie er selber zu Protokoll gab, den Befehl zu erteilen, „sämtliche 42 dort befindlichen russischen Gefangene zu erschießen. Dies habe ich selber mit den zur Bewachung zurückgelassenen 6 Soldaten durchgeführt. Ich habe angenommen, daß sich unter den Gefangenen ein Kommissar befindet ..."

Ersichtlich wird an diesem Fall, der ganz gewiß kein Einzelfall gewesen ist, daß der Kommissarbefehl keineswegs nur die Kommissare selber traf (was freilich schon Verbrechen genug gewesen wäre), sondern russische Soldaten bzw. Kriegsgefangene ganz generell – weil sich unter ihnen „vermutlich" ein Kommissar befindet, werden über vierzig Menschen von den sich als „Herrenmenschen“ empfindenden deutschen Landsern kaltblütig ermordet. Diese Art der Kriegsführung war Alltag der deutschen Wehrmacht im „Ostkrieg“. Und im zitierten Fall zeigt sich deutlich, daß die vorgebliche „asiatische Grausamkeit“ der russischen Politkommissare (über die das OKW so gut Bescheid zu wissen glaubte, während es selber einen rücksichtslosen Vernichtungskrieg plante!) auch für den „einfachen Soldaten“ ein willkommener Rechtfertigungsgrund für die „rücksichtslose“ Verwirklichung der eigenen Vernichtungsbereitschaft gewesen ist.

Die Mitwirkung der Wehrmacht beim Judenmord

Schon in den ersten Richtlinien des OKW zum „Fall Barbarossa“ (März 1941) war festgelegt worden: „Im Operationsgebiet des Heeres erhält der Reichsführer SS zur Vorbereitung der politischen Verwaltung Sonderaufgaben im Auftrag des Führers, die sich aus dem endgültig auszutragenden Kampf zweier entgegengesetzter politischer Systeme ergeben ... Näheres regelt das OKH mit dem Reichsführer SS unmittelbar.“ [68]

Was hier als eine nach den polnischen Erfahrungen neu und eindeutig festzulegende „Arbeitsteilung“ in dürrer Verwaltungssprache umschrieben wurde, war der Auftrag zu tausendfachem Massenmord. Einzelheiten regelte eine am 26. März 1941 schriftlich fixierte Vereinbarung zwischen Reinhard Tristan Heydrich, dem Chef des Reichssicherheitshauptamtes der SS, und Generalquartiermeister Eduard Wagner vom Oberkommando des Heeres, über die seit dem 13. März 1941 verhandelt worden war. Bei einer Besprechung mit Hitler selbst, die während dieser Zeit stattfand, wurde noch einmal umrissen, worum es ging. Franz Halder, Generalstabschef des Heeres, der sich später so gerne als Widerpart Hitlers bezeichnete, notierte in seinem Tagebuch: „Die von Stalin eingesetzte Intelligenz muß vernichtet werden. Die Führungsmaschinerie des russischen Reiches muß zerschlagen werden. Im großrussischen Bereich ist Anwendung brutalster Gewalt notwendig." (17. März 1941)

Am 28. April 1941 hat Feldmarschall von Brauchitsch, der Oberbefehlshaber des Heeres, die Heydrich-Wagner-Vereinbarung abgezeichnet. Damit war nach Ansicht beider Seiten – Wehrmacht und SS – gewährleistet, daß Irritationen wie während des Polenfeldzuges vermieden werden konnten. Trotz der gelegentlichen Proteste von 1939 hatte sich die Generalität mit den Massenmorden in Polen rasch abgefunden und sich damit zufriedengegeben, daß für den nächsten Waffengang die verschiedenen Zuständigkeitsbereiche klarer festgelegt wurden.

Zur praktischen Durchführung des Massenmordes waren vier „Einsatzgruppen" gebildet worden, die von SS-Offizieren befehligt wurden und in denen Mitarbeiter der Gestapo, der Kriminalpolizei, des Sicherheitsdienstes (SD) und Waffen-SS-Männer mit Angehörigen zweier Polizeibataillone (zuerst des Polizeibataillons 9, ab Anfang 1942 des Polizeibataillons 3) zusammenarbeiteten. Diese Einsatzgruppen waren klein an der Zahl – die der Heeresgruppe Nord zugeordnete Einsatzgruppe A zählte am 15. Oktober 1941 990 Personen, denen 340 SS-Männer und 133 Mann des Polizeibataillons 9 sowie einige weitere Hilfskräfte zugewiesen waren.

Ohne Unterstützung durch die Wehrmacht hätten diese kleinen Einheiten ihr Mordprogramm, das bereits in den ersten Kriegstagen begann, nie bewerkstelligen können. Und in der Tat wurde ihnen diese Unterstützung reichlich zuteil. Anfang November 1941 äußerte sich

Dr. Otto Rasch (der Führer der Einsatzgruppe C, die der Heeresgruppe Süd zugeordnet war) in lobendem Ton über die Zusammenarbeit mit der Wehrmacht – was speziell dem Generalfeldmarschall Walter von Reichenau galt, dem bereits erwähnten damaligen Kommandeur der 6. Armee im Bereich der Heeresgruppe Süd:

„Was nun die Beziehung der Einsatzgruppe und ihrer Kommandos zu anderen Dienstellen anbetrifft, so verdient das Verhältnis zur Wehrmacht besondere Beachtung. Es ist der Einsatzgruppe gelungen, zu sämtlichen Wehrmachtsdienststellen vom ersten Tage an ein ganz ausgezeichnetes Einvernehmen herzustellen. In sehr zahlreichen Fällen ist es sogar vorgekommen, daß von der kämpfenden Truppe die Unterstützung der Einsatzkommandos angefordert wurde. Bei jeder größeren militärischen Aktion befanden sich stets auch Vorausabteilungen der Einsatzgruppe, die mit der kämpfenden Truppe in die neueroberten Orte eingerückt ist. Es ist hierbei in allen Fällen größtmögliche Unterstützung gewährt worden ..."

Eine derart reibungslose Kooperation – die es reichlich unwahrscheinlich erscheinen läßt, daß die Tätigkeit der Einsatzkommandos dem einfachen Landser so völlig verborgen geblieben sein soll, wie dies später immer wieder behauptet worden ist – nimmt allerdings nicht Wunder: hatte Reichenau doch in seinem oben bereits zitierten, vom OKH alsbald als vorbildhaft weitergeleiteten Erlaß mit Blick auf die Tätigkeit der Einsatzgruppen, d.h. auf den Massenmord an Juden und anderen „Untermenschen" gefordert: „Der Soldat muß für die Notwendigkeit der harten, aber gerechten Sühne am jüdischen Untermenschentum volles Verständnis haben."

Als Reichenaus 6. Armee Kiew eingenommen hatte, meldete der Stab der Einsatzgruppe C: „Exekution von

Babij Yar, 29./30. September 1941

mindestens 50000 Juden vorgesehen. Wehrmacht begrüßt Maßnahmen und erbittet radikales Vorgehen."

Nur wenig später verübten die Polizeikräfte der „Einsatzgruppen" am 29. und 30. September 1941 in der Schlucht von Babij-Yar das größte Massaker der Kriegsgeschichte – unter den Augen, teilweise auch mit tatkräftiger Hilfe der Wehrmachtssoldaten wurden in zwei Tagen 33000 Zivilisten ermordet. Reichenau selber teilte das von ihm geforderte Verständnis für die Notwendigkeit der „harten Sühne" in vollen Umfang: Als Oberstleutnant Helmuth Groscurth von der 295. Division eine Entscheidung der Armee über eine bevorstehende Erschießung jüdischer Kinder verlangte (die Groscurth, aus dessen Tagebuch oben bereits zitiert worden ist, offenbar hatte verhindern wollen), ordnete Reichenau unwirsch an, „die einmal begonnene Aktion in zweckmäßiger Weise durchzuführen", was dann auch ohne weiteren Protest geschah.

Was das ukrainische Operationsgebiet der Heeresgruppe Süd und der so gut mit der Wehrmacht kooperierenden Einsatzgruppe C anbetrifft, hatte der gutunterrichtete Rüstungsinspekteur Ukraine, Generalleutnant Leykauf, in einem Brief an das Wehrwirtschafts-Rüstungsamt des OKW (eingegangen dort am 2. Dezember 1941) festgestellt, die dortige Mordaktion sei „in der Massenhaftigkeit der Hinrichtungen so gigantisch wie bisher keine in der SU vorgenommene gleichartige Maßnahme". Leykauf schätzte, daß von Juni bis Dezember 1941 150000 bis 200000 Juden getötet worden seien, „vielfach leider auch unter freiwilliger Beteiligung von Wehrmachtsangehörigen". „Leider" – denn Leykauf befürchtete hiervon eine „nachteilige", ja „verrohende" Wirkung auf die mit den „Hinrichtungen" mittelbar und unmittelbar befaßten Männer, und dies wohl nicht zu Unrecht.

An den Massenmordaktionen der Einsatzgruppen und Sonderkommandos beteiligten sich Wehrmachtsangehörige zum Beispiel in Odessa, wo deutsche und rumänische Soldaten am 22. Oktober 1941 aktiv an der Ermordung von 25000 Juden teilnahmen, die man in vier Warenhäuser gesperrt hatte, die teils angezündet, teils durch Artilleriebeschuß vernichtet wurden.

Nicht selten wurde von Angehörigen der Einsatzgruppen berichtet, „daß uns Wehrmachtsangehörige die Karabiner aus den Händen genommen haben und selbst an unserer Stelle im Exekutionskommando mitschossen“. In einem anderem Bericht, ebenfalls aus dem Bereich der Einsatzgruppe C (und somit dem Terrain der Heeresgruppe Süd), heißt es: „Nachher wurde ich ausgelacht, weil ich nicht mehr schießen konnte. Ein Soldat oder Gefreiter von der Wehrmacht hat mir den Karabiner abgenommen und sich selbst in die Schützenkette gestellt.“[69]

Andernorts übernahm die Wehrmacht freilich schon von Anfang an selber das Mordhandwerk: „In Mirgorod gesamte jüdische Bevölkerung (168 Köpfe) wegen Verbindung mit Partisanen erschossen“ – so die Tagesmeldung der zur Heeresgruppe Süd zugehörigen 62. Infanteriedivision vom 24. November 1941.

„Zum Schutze gegen Partisanenumtriebe und zur Sicherung der hier liegenden Einheiten erwies es sich ferner als unumgänglich nötig, die 14 ortsansässigen Juden und Jüdinnen unschädlich zu machen“ – so der Ortskommandant von Armjansk kaum eine Woche später, am 30. November 1941.

Mitunter beklagten sich die Führer der Einsatzgruppen sogar darüber, daß die Wehrmachtsoldaten ihnen unerbetenerweise ins Mordhandwerk pfuschten. So heißt es in einem Bericht der Einsatzgruppe C: „Entgegen der Planung kam es in Uman bereits am 21. 9. 1941 zu Ausschreitungen gegen die Juden durch Angehörige der Miliz unter Beteiligung zahlreicher deutscher Wehrmachtsangehöriger."

Trotz solcher „eigentlich" gar nicht vorgesehener, daher die SS-Kreise störender Tötungsbereitschaft seitens der Wehrmachtssoldaten verlief die Kooperation bei der Durchführung des Massenmords im wesentlichen reibungslos – anders als zwei Jahre zuvor in Polen. Auch der Chef der am nördlichen Ende der Front operierenden Einsatzgruppe A, Dr. Franz Stahlecker, hatte bereits im Oktober 1941 die gute Zusammenarbeit mit der Heeresgruppe Nord hervorgehoben: „In Einzelfällen sehr eng, ja fast herzlich", betonte der 41jährige SS-Brigadeführer: „Mißverständnisse wurden durch persönliche Aussprachen im wesentlichen erledigt."

„Partisanenbekämpfung"

Schon am 16. September 1941 hatte Generalissimus Keitel zur „Niederschlagung von kommunistischen Aufstandsbewegungen" befohlen: „Um die Umtriebe im Keime zu ersticken, sind beim ersten Anlaß unverzüglich die schärfsten Mittel anzuwenden, um die Autorität der Besatzungsmacht durchzusetzen und einem weiteren Umsichgreifen vorzubeugen. Dabei ist zu bedenken, daß ein Menschenleben in den betroffenen Ländern vielfach nichts gilt und eine abschreckende Wirkung nur durch ungewöhnliche Härte erreicht werden kann."

Der deutsche Vormarsch, der den „Einsatzgruppen" den Raum zum Massenmord eröffnet hatte, kam im Winter 1941 kurz vor Moskau ins Stocken; im Jahr 1942 leitete die Vernichtungsschlacht bei Stalingrad eine kriegsentscheidende Wende ein, und im Jahre 1943 ging nach der Panzerschlacht im Kursker Bogen die Offensive endgültig an die sowjetische Seite über. Dies um so mehr, als im September 1943 alliierte Truppen auf Sizilien landeten, der bisherige Bundesgenosse Italien aus dem Krieg ausschied (siehe unten) und die „Ostfront“ daher zusätzlich ausgedünnt werden mußte, um Kräfte für die neuen Kriegsschauplätze freizumachen. In diesen Jahren wurden immer häufiger schwerste Verbrechen direkt von den Einheiten der Wehrmacht verübt – meist unter dem Deckmantel der „Partisanenbekämpfung“.

Einige Beispiele hierzu sind oben bereits mitgeteilt worden. Ein weiteres: „Im Kampf um Bratskaja Zemla beteiligte sich Zivilbevölkerung am Kampf gegen uns. Erschießung aller männlichen Zivilpersonen über 15 Jahre wurde angeordnet und durchgeführt“ (Tagesbericht der 4. Panzerarmee vom 1. August 1942). Dokumente dieser Art ließen sich seitenweise aneinanderreihen. Dazu fehlt hier der Platz – es dürfte aber bereits hinreichend deutlich sein, daß solche Maßnahmen kaum ohne Wissen und Beteiligung der „einfachen Soldaten“ durchgeführt werden konnten.

Freilich waltete auch in dieser Lage noch deutscher Ordnungssinn über allen Grausamkeiten. So heißt es in einem Merkblatt der 339. Division vom 2. November 1942 über die „Arbeitsteilung“ zwischen Truppe und Sicherheitsdienst (SD): „Die Truppe hat also nur dann Juden und Zigeuner zu erschießen, wenn sie als Partisanen oder ihre Helfer festgestellt sind. In anderen Fällen sind sie dem S.D. zu übergeben … Erschießen von Frauen, soweit sie nicht gleichfalls als Partisanen oder ihre Helfer festgestellt sind, und von Kindern ist nicht Aufgabe der Truppe. Die Truppe hat sich an ihre Aufgabe zu halten.“ Immerhin konnte dem Leser eines solchen „Merkblattes“

das Schicksal jüdischer Frauen und Kinder kaum zweifelhaft sein – selbst wenn er selber „nur“ an Maßnahmen der Partisanenbekämpfung beteiligt war. Viele Briefe von Wehrmachtssoldaten beweisen dies ebenfalls.[70]

Bisweilen kam es, unter direkter Verantwortung der Wehrmacht, auch zu Greueltaten, die nur schwerlich als Partisanenbekämpfung deklariert werden konnten. So entdeckte die Geheime Feldpolizeigruppe 703 laut eigenem Bericht im Juni 1942 ein Behindertenheim „mit 113 körperlich und geistig nicht normalen Krüppeln“. Weiter heißt es in dieser Meldung: „Es bestand Verdacht, daß die Krüppel zu Spionagezwecken mißbraucht werden und Partisanen in dem Lager unbemerkt Unterschlupf finden konnten. Dem Panzer-Armeekomando 3 wurde Meldung erstattet. Es ordnete die Beiseitigung der Krüppel an ...“

Diese Meldung der Geheimen Feldpolizei war vom Kommandierenden General der 3. Panzerarmee, Generaloberst Hans Georg Reinhardt, persönlich abgezeichnet worden (Reinhardts Verteidiger im Nürnberger Prozeß versuchte das schwer belastende Dokument allerdings mit dem Hinweis zu entkräften, mit „Beseitigung“ sei eine Evakuierung der Behinderten gemeint gewesen ...).[71]

Ganz ähnlich wurden im Dezember 1941 die Patientinnen der Irrenanstalt Makarewskaja, 240 an Syphilis und Epilepsie leidende Frauen zumeist aus Leningrad, auf Anweisung des Oberkommandos des XXVIII. Armeekorps einfach umgebracht, weil die Truppe ein winterfestes Quartier benötigte, das sie in dem ehemaligen Kloster zu finden hoffte. „Der Herr Oberbefehlshaber erteilt seine Zustimmung zur Lösung des ehemaligen Klosters Makarewskaja...“ – was Zustimmung zum Massenmord bedeutete (Tagesbericht des XXVIII. Armeekorps vom 26. 12. 1941). Jener Oberbefehlshaber, Feldmarschall Georg von Küchler, gestand vor dem Nürnberger Tribunal durchaus zu, daß sein Befehl „außerhalb des eigentlichen Kriegsgeschehens“ gelegen habe. Küchler wurde nicht zuletzt deswegen mit 20 Jahren Haft bestraft.

Weitere Einzelheiten müssen wir uns hier ersparen. Zusammengefaßt läßt sich festhalten: Offensichtlich hat gerade der Verweis auf die angebliche Partisanenbekämpfung allenthalben als Deckmäntelchen für eine noch nie dagewesene Brutalisierung der Kriegsführung dienen müssen.

Die Belagerung von Leningrad

Generalfeldmarschall Wilhelm Ritter von Leeb – er hatte schon anno 1900 im Interventionskrieg gegen den „Boxeraufstand“ mitgefochten, 1938 seinen Abschied genommen und war als tüchtiger Soldat 1939 reaktiviert worden – kommandierte beim Beginn des „Unternehmen Barbarossa“ die Heeresgruppe Nord, die rund 500000 Soldaten der 16. und der 18. Armee und der Panzergruppe 4 umfaßte. Diese Streitmacht drang 1941 von Ostpreußen her in Litauen ein. Ende Juli war das strategische Ziel, die Kontrolle der Ostseeküste, erreicht und so die Erzzufuhr von Schweden sichergestellt. Doch zwischen dem Finnischen Meerbusen im Westen und dem Ladogasee im Nordosten hatten Leebs Soldaten – zu denen auch der spätere Bundespräsident Richard von Weizsäcker gehörte – die riesige Stadt Leningrad eingeschlossen. Hitler, der Leebs Hauptquartier am 21. Juli besuchte, befürwortete zunächst die Einnahme der belagerten Festung, wofür aber die Truppen fehlten. „Wie die Stadt selbst zu behandeln sein wird, ob eine etwaige

Übergabe anzunehmen ist, ob sie zusammenzuschießen ist oder ob sie auszuhungern ist, darüber liegt leider bisher eine Entscheidung des Führers nicht vor."

Offenbar lag hierin ein größeres Problem als im Los der Zivilbevölkerung in der Drei-Millionen-Stadt, in der schon im Januar 1942 täglich 400 Menschen verhungerten oder an Seuchen starben. Im später aufgefundenen Tagebuch der verhungerten Tana Sawitschewa heißt es: „Shenja gestorben am 28. Dezember um 12 Uhr 30. Großmutter starb am 25. Januar um 3 Uhr nachmitags. Onkel Wasja starb am 13. April um 2 Uhr nachts. Ljoka starb am 17. März um 5 Uhr. Onkel Ljoscha am 10. Mai nachmittags 4 Uhr. Mama am 13. Mai 1942 um 7 Uhr 30 früh. Alle Sawitschewas sind tot, nur Tanja ist noch übrig ..." Kurz darauf starb auch sie.

Insgesamt sind der Belagerung der Stadt wohl über eine Million tote Zivilisten anzulasten – ein Massenmord, dem in seiner Dimension allenfalls die Vernichtungsmaschinerie von Auschwitz gleichkommt. Im Falle Leningrad läßt sich die Schuld allerdings nicht auf Heinrich Himmler und seine SS abwälzen. Das strategische Ziel ist von der Wehrmacht selber entwickelt worden und war zwischen OKW, Marine und Heer unumstritten. Worauf es ankam, ist in einem Schreiben der Seekriegsleitung an Leebs Heeresgruppe Nord niedergelegt: „Es ist beabsichtigt, die Stadt eng einzuschließen und durch Beschuß mit Artillerie und laufendem Lufteinsatz dem Erdboden gleichzumachen. Sich aus der Lage der Stadt ergebende Bitten um Übergabe werden abgeschlagen werden, da das Problem des Verbleibens und der Ernährung der Bevölkerung von uns nicht gelöst werden kann und soll. Ein Interesse an der Erhaltung auch nur eines Teiles dieser großstädtischen Bevölkerung besteht in diesem Existenzkrieg unsererseits nicht."

Deutlicher kann wohl kaum ausgesprochen werden, daß es sich hier nicht um eine herkömmliche Belagerung, sondern um absichtsvoll geplanten Völkermord handelte. Und der Kreis der Planer war nicht klein. Im Protokoll einer Konferenz der Stabschefs der Ostarmeen und Heeresgruppen vom 13. November 1941 wird der General der Artillerie, Generalquartiermeister Eduard Wagner, zitiert: „Es kann keinem Zweifel unterliegen, daß insbesondere Leningrad verhungern muß ..." (Zu Wagners Äußerungen über das Schicksal der russischen Kriegsgefangenen, zur selben Zeit am selben Ort vorgetragen, siehe weiter unten.)

Leeb nahm am 16. Januar 1942 seinen Abschied, ihm folgte sein bereits erwähnter früherer Untergebener, Generalfeldmarschall Georg von Küchler.[72]

Am 12. Januar 1943 leitete sowjetischer Artilleriebeschuß das Ende der Blockade ein. Nach siebentägigem Kampf durchbrach die Rote Armee am 18. Januar den Belagerungsring um Leningrad. Rund hunderttausend deutsche Soldaten sind 1941–1943 vor Leningrad gefallen; etwa zehn tote Zivilisten entfallen auf jeden dieser Soldaten. Ein unfreiwilliges, aber aufschlußreiches Beispiel, wie die deutsche Öffentlichkeit nach 1945 mit diesem Kriegsverbrechen umging, lieferte der ehemalige Oberstleutnant Bernhard von Loßberg, 1941 im Wehrmachtsführungsstab des OKW tätig. In seinen 1949 veröffentlichten Erinnerungen nannte Loßberg die Hungerblockade Leningrads ganz zu Recht „einen der niederträchtigsten Entschlüsse" Hitlers[73] – bei dieser Abwälzung aller Schuld auf den „Führer" verschwieg er aber, daß er selbst am 21. September 1941 eine Aktennotiz paraphiert hatte, derzufolge er unter anderem zur Vernichtung der Millionenstadt vorgetragen hatte, eine Besetzung der Stadt sei abzulehnen, „weil uns dann die Verantwortung für die Ernährung zufiele"...

Die Behandlung sowjetischer Kriegsgefangener

Zwischen dem Kriegsbeginn am 22. Juni 1941 und der deutschen Kapitulation nicht ganz vier Jahre später fielen etwa 5,7 Millionen Soldaten und Offiziere der Roten Armee in die Hände der Deutschen. Etwa 3,3 Millionen von ihnen, also fast 60 Prozent, sind in der Kriegsgefangenschaft umgekommen – eine weltgeschichtlich einmalige Ungeheuerlichkeit, von der im Nachkriegsdeutschland, in dem viele „Spätheimkehrer" lange und ausführlich von den Schrecken ihrer Zeit in russischen Gefangenenlagern zu berichten wußten, fast nie die Rede gewesen ist.[74]

Die Hauptursache für dieses Massensterben war der nackte Hunger. Nicht arbeitsfähige sowjetische Kriegsgefangene „haben zu verhungern", stellte Generalquartiermeister Eduard Wagner bei der oben bereits erwähnten Konferenz von Orscha am 13. November 1941 fest. In diesem Sinne hatte er bereits am 21. Oktober 1941 eine Senkung der Verpflegungsrationen für die Gefangenen auf 1500 Kalorien täglich verfügt.

Wie bereits dargelegt, lag die Verantwortung für das Kriegsgefangenenwesen beim Oberkommando der Wehrmacht, speziell beim Allgemeinen Wehrmachtsamt, geleitet von General Hermann Reinecke. Dieser Offizier hatte schon am 8. September 1941 in einem Grundsatzbefehl erklärt: „Die Wehrmacht muß sich umgehend von allen denjenigen Elementen unter den Kriegsgefangenen befreien, die als bolschewistische Triebkräfte anzusehen sind. Die besondere Lage des Ostfeldzuges verlangt daher besondere Maßnahmen, die frei von bürokratischen und verwaltungsmäßigen Einflüssen verantwortungsfreudig durchgeführt werden müssen." Weiterhin legte Reinecke fest: „Der Waffengebrauch gegenüber sowjetischen Kriegsgefangenen gilt in der Regel als rechtmäßig." Dies war eine kaum verhüllte Aufforderung zum Mord – und wurde auch so verstanden.[75] In der 6. Armee des schon mehrfach erwähnten, 1942 verstorbenen Generalfeldmarschalls von Reichenau bestand ohnehin der Befehl, „alle schlappmachenden Kriegsgefangenen zu erschießen". Daß es deutschen Landsern offenbar wenig Gewissensbisse bereitete, eine ganze Gruppe von über vierzig Gefangenen zu ermorden, weil sie unter diesen Menschen einen Politkommissar „vermuteten", ist oben bereits dargestellt worden.

Als Admiral Wilhelm Canaris, Chef des Amtes Ausland/Abwehr beim OKW (das am 1. August 1944 aufgelöst wurde), in einer Denkschrift vom Chef der Oberkommando der Wehrmacht die Aufhebung des Reinecke-Befehls forderte, notierte Feldmarschall Keitel handschriftlich: „Diese Bedenken entsprechen den soldatischen Auffassungen vom ritterlichen Krieg. Hier handelt es sich um die Vernichtung einer Weltanschauung, deshalb billige ich diese Maßnahme u[nd] decke sie."

Es ist bezeichnend, daß es sowjetische Kriegsgefangene gewesen sind, an denen im Herbst 1941 der Massenmord in den Gaskammern von Auschwitz „erprobt" worden ist. Das Vernichtungslager Auschwitz-Birkenau, dessen Ausbau hinter der ursprünglichen Planung weit zurückblieb, war als Sammelunterkunft für über 100000 sowjetische Gefangene ausgelegt, die von der Wehrmacht dem Imperium der SS als Arbeitssklaven für die in Auschwitz anzusiedelnden Industrieunternehmen überstellt werden sollten.[76]

Die deutsche Wehrmacht, bis hinab zum einfachen Soldaten, richtete sich in jenem Kampf für die „Vernichtung einer Weltanschauung" offenbar getreu nach Hitlers Worten, denen zufolge die sowjetischen Soldaten „keine Kameraden" seien. Sie galten als „Untermenschen", und so wurden sie denn auch behandelt – mit rücksichtsloser Brutalität. Im Kriegsgefangenenlager Konotop notierte der dortige Kommandant am 19. Januar 1942, „daß hier ganz allgemein die Ansicht herrschte, daß es ganz gut wäre, wenn die Gefg. verschwänden; sei es durch Erschießen, sei es durch Sterbenlassen."

Ein kurzes Fazit

„Nimmt man die Aussagen aller Angeklagten zusammen", so schreibt Jörg Friedrich in seiner umfassenden Monographie über den Feldzug des deutschen Heeres in Rußland und über den OKW-Prozeß von 1948, bei dem dreizehn Befehlshaber der deutschen Wehrmacht sich vor Gericht zu verantworten hatten, „dann sind in den sowjetischen Grenzen von 1940 unter größter Geheimhaltung von 3000 Polizisten unter den Augen von weit über drei Millionen hochwachsamer Soldaten sowie 60 Millionen militär- und zivilverwalteten Sowjetbürgern über zwei Millionen Personen ausgerottet worden, ohne daß jemand einem Wehrmachtsgeneral ein Sterbenswort verraten hätte."[77]

In der Tat – „Wir wußten nichts von alledem", so lautete die Lebenslüge einer ganzen Generation von „Rußlandkämpfern", nicht nur der Generalität. Diese Lüge „steht hinsichtlich der Verbindungen von Heer und Henkersmannschaft in krassestem Widerspruch zur Aktenbeweislage. Sie kündet von einem zumal in den rückwärtigen Gebieten nachgerade kollegialen Zusammenwirken."[78]

Dem vermeintlichen Unwissen, das wohl allen- und bestenfalls ein Nicht-Wissen-Wollen gewesen ist, trat deshalb schon früh ein anderes entlastendes Argument zur Seite, das speziell auf den Kampf der deutschen Wehrmacht gegen die sowjetische Rote Armee zielte und von dem mittlerweile verstorbenen Historiker Andreas Hillgruber 1986 in einem Büchlein mit dem sonderbaren Titel „Zweierlei Untergang"* bündig zusammengefaßt worden ist. In seinen in diesem Buch veröffentlichten Ausführungen über den „Ostkrieg" des Deutschen Heeres 1944/45 meinte Hillgruber, auch der deutsche Historiker der achtziger Jahre müsse sich „mit dem konkreten Schicksal der deutschen Bevölkerung im Osten und mit den verzweifelten und opferreichen Anstrengungen des deutschen Ostheeres und der deutschen Marine im Ostseebreich identifizieren, die die Bevölkerung des deutschen Ostens vor den Racheorgien der Roten Armee, den Massenvergewaltigungen, den willkürlichen Morden und den wahllosen Deportationen zu bewahren ... suchten."[79]

Diese „Identifizierung", die Hunderttausende von deutschen Bürgern – ob nun ehemalige Soldaten oder nicht – sich nach 1945 ohnehin, und bedauerlicherweise,

* Gemeint waren damit der „Mord an den Juden im Machtbereich des nationalsozialistischen Deutschland" und die „Zertrümmerung des preußisch-deutschen Reiches 1944/45". Daß es verharmlosend wirken mußte, einerseits den Massenmord an den europäischen Juden, andererseits die darauf folgende, selbstverschuldete militärische Niederlage des Hitlerreiches gleichermaßen als „Untergang" zu bezeichnen, wurde schon im Verlauf des „Historikerstreites" 1986 scharf kritisiert, zuerst von dem Philosophen Jürgen Habermas.

ganz selbstverständlich zu eigen gemacht hatten, ohne daß es der Erlaubnis des Historikers bedurft hätte, verhindert dann freilich die Erkenntnis dessen, was Ursache und Wirkung, was Aktion und was Reaktion gewesen ist. Oder anders gesagt: Welche deutschen Verbrechen sind es denn eigentlich gewesen, die solche gewiß grausamen und abstoßenden „Racheorgien" überhaupt erst provoziert hatten? In der Auseinandersetzung mit Hillgruber stellte ein anderer deutscher Historiker daher mit Fug und Recht fest: „Keine polnische Familie wäre aus Lemberg verjagt und nach Breslau umgesiedelt, kein Deutscher aus Königsberg vertrieben, kein russischer Panzer bis an die Elbe gesteuert worden, wenn Hitlerdeutschland nicht mehr als fünf Jahre lang einen bis dahin unvorstellbaren Vernichtungs- und Weltanschauungskrieg im Osten geführt hätte. Diese einfache Wahrheit von deutscher Aktion und dadurch ausgelöster Reaktion dem Leser auch an diesem Ort nicht immer wieder zu verdeutlichen, ja im Gegenteil: sie ihm an wesentlichen Stellen der Argumentation vorzuenthalten, ist ein kaum verständliches Versäumnis ..."[80]

Dieses Versäumnis ist freilich für fünfzig Jahre deutsches Nachkriegs-Selbstverständnis prägend gewesen – keineswegs nur auf dem Feld der Geschichtsschreibung.

4. Andere Kriegsschauplätze

Balkan

Am 28. Oktober 1940 hatten italienische Truppen Griechenland überfallen, doch gerieten sie dort alsbald in die Defensive. Im April 1941 hieß Hitler seine Wehrmacht dem bedrängten Bundesgenossen zu Hilfe kommen. Es ist gewiß kein Zufall gewesen, daß dabei vor allem Offiziere aus dem 1938 an Deutschland „angeschlossenen" Österreich zum Einsatz kamen – etwa die österreichischen Generäle Franz Böhme und Dr. Lothar Rendulic, 1947 vor einem amerikanischen Militärtribunal angeklagt,[81] oder der Generaloberst Alexander Löhr, bis 1938 Kommandant der österreichischen Luftwaffe und 1942/43 Wehrmachtsbefehlshaber Südost (und somit Oberbefehlshaber auf dem Balkan).[82]

Dieser gezielte Einsatz seiner Landsleute stellte eine absichtsvolle Maßnahme des Österreichers Adolf Hitler dar, der fest daran glaubte, daß eben nur die Österreicher die Serben kennen und angemessen – das hieß natürlich: rücksichtslos – behandeln würden. Diese Einschätzung knüpfte an die Tradition des Ersten Weltkrieges an, in dem die Armee des Habsburgerkaisers in Serbien Maßnahmen ergriffen hatte, die – so selbst der Direktor des österreichischen Staatsarchives und spätere „Deutsche General in Agram", Generalleutnant Edmund Glaise von Horstenau, „völkerrechtlich gewiß nicht gutzuheißen waren".[83]

Durch das deutsche Eingreifen auf dem neuen Kriegsschauplatz wurde zunächst rasch „Ordnung geschaffen".

Erschießungen an der Friedhofsmauer von Pancevo, 22. April 1941

Verschleppung der Zivilbevölkerung aus dem Macva-Gebiet ins KZ Sabac, September 1941

In acht Tagen wurde Jugoslawien erobert, wobei die Luftwaffe am 6. April 1941 bei einem Terrorangriff auf Belgrad 17000 Einwohner tötete (Generaloberst Löhr, der damals die Luftflotte 4 befehligte, hatte – selbstverständlich ohne zuvorige Kriegserklärung – die „Zerstörung Belgrads durch Großangriff" unter dem Codenamen „Unternehmen Strafgericht" angeordnet!).

Mit dem deutschen Überfall auf die UdSSR am 22. Juni 1941 änderte sich freilich die Lage der rund

25000 Besatzungssoldaten überwiegend österreichischer Herkunft. Diese wurden nun, ohne Aussicht auf Verstärkung, mit den Guerillaaktionen der Untergrundbewegung des Generals Tito konfrontiert. Und sie reagierten hierauf mit einer Brutalität, die selbst im Zweiten Weltkrieg ihresgleichen suchte.

Im Sommer 1941 berichtete ein Leutnant der Wehrmacht in einem Brief an die Heimat: „Ganze Horden Kommunisten werden nun fast täglich erschossen oder aufgehängt."

Dieser Eindruck stimmte gut mit den Befehlen der höchsten Befehlshaber überein. Im September 1941 richtete General Böhme an alle Soldaten der 342. Infanteriedivision den folgenden Befehl: „Eure Aufgabe ist in einem Landstreifen durchzuführen, in dem 1914 Ströme deutschen Blutes durch die Hinterlist der Serben, Männer und Frauen, geflossen sind. Ihr seid die Rächer dieser Toten. Es muß ein abschreckendes Beispiel für ganz Serbien geschaffen werden, das die gesamte Bevölkerung auf das Schwerste treffen muß. Jeder, der Milde walten läßt, versündigt sich am Leben seiner Kameraden..." (25. 9. 1941)

Diese Mahnung war vermutlich überflüssig.

„Im ganzen wurden am 9. und 11. 10. 41 449 Mann von den genannten Einheiten erschossen", berichtete Wehrmachtsoberleutnant Liepe am 13. Oktober 1941. „Leider mußte aus Einsatzgründen eine weitere Erschießung von den genannten Einheiten eingestellt werden ..." Es handelte sich um die Ausführung eines Befehls vom 8. Oktober 1941, demzufolge durch Wehrmachtsangehörige „2200 Juden, die sich im Lager von Belgrad befinden", liquidiert werden sollten. Die Mordaktion wurde, offenbar als nützliche Instruktion für ein entsprechendes Vorgehen anderer Truppenteile, auf Film festgehalten. Von einer ähnlichen Aktion am 1. November 1941 berichtete der deutsche Oberleutnant Walther: „Das Ausheben der Gruben nimmt den größten Teil der Zeit in Anspruch, während das Erschießen selber sehr schnell geht (100 Mann 40 Minuten) ... Das Erschießen der Juden ist einfacher als das der Zigeuner. Man muß zugeben, daß die Juden sehr gefaßt in den Tod gehen – sie stehen sehr ruhig –, während die Zigeuner heulen, schreien und sich dauernd bewegen, wenn sie schon auf dem Erschießungsplatz stehen ..."

Der Terror, der in Jugoslawien seitens der deutschen Wehrmachtsoldaten ausgeübt wurde – nicht etwa durch spezielle Kommandos der SS! –, ist historisch einzigartig. „Unter den 1,7 Millionen jugoslawischen Kriegstoten sind eine Million keine Partisanen, sondern Zivilisten aus einer Gesamtbevölkerung von 15,4 Millionen Personen. Eine Kriegführung, die über 6,5 Prozent des Zivils aus Verdachts- und Repressaliengründen ausrottet, findet nicht ihresgleichen."[84]

Die deutsche Wehrmachtsherrschaft in Griechenland ist in ihrer Barbarei nach 1945 kaum je zur Kenntnis genommen worden – entsprechende Untersuchungen sind gar nicht erst ins Deutsche übersetzt worden.[85] Die Besetzung der Insel Kreta im Mai 1941, mit der der Balkanfeldzug der Wehrmacht seinen Abschluß fand, wird noch heute vielerorts als „kühnes Luftlandeunternehmen" gefeiert; das Büchlein, das der durch die Figur des „Alexis Sorbas" weltbekannt gewordene Dichter Nikos Kazantzakis 1945 über die deutschen Greueltaten auf seiner Heimatinsel Kreta zusammengestellt hat, ist wohl den wenigsten Urlaubern bekannt; in Reiseführern fehlt meist jeder Hinweis auf diese Zeit. Das Athener Gericht, das 1946 die deutschen Generäle Bruno Bräuer und Friedrich-Wilhelm Müller als Kriegsverbrecher zum

Kondomari auf Kreta, 2. Juni 1941: Nach einem Partisanenanschlag treiben Fallschirmjäger die Bewohner des nächstliegenden Dorfes zusammen. Die Männer werden abgeführt, in einen Olivenhain gebracht und erschossen

Tode verurteilt hat, hat den beiden Angeklagten die Verantwortung für die Ermordung von 9000 Zivilpersonen angelastet.

Am 13. Dezember 1943 umstellten Soldaten der deutschen Wehrmacht den kleinen Kurort Kalavrita auf dem Peloponnes und ermordeten dort alle Männer, deren sie habhaft werden konnten – auch Jungen, die älter waren als zwölf Jahre, insgesamt über 500 Menschen. Zwei Monate zuvor war ein Offizier eines Jägerregimentes, Hauptmann Schober, nach eintägigem Kampf, der drei

Tote forderte, samt 80 Kameraden in die Gefangenschaft griechischer Partisanen geraten. Diese boten alsbald die Freilassung ihrer Gefangenen im Austausch gegen griechische Häftlinge an. Der Vorschlag wurde von deutscher Seite abgelehnt; als die Wehrmachtssoldaten ihnen später bedrohlich nahe kamen, ermordeten die Partisanen am 7. Dezember 1943 ihre 81 Gefangenen. Die Antwort der Wehrmacht bestand in der totalen Zerstörung jener Kreisstadt Kalavrita und in der Ermordung aller dort vorgefundenen Männer. Die Häuser des Gebirgsortes wurden geplündert und anschließend angezündet. In der Umgebung der Stadt haben die deutschen Truppen anschließend noch andere Dörfer und etliche Klöster niedergebrannt, wobei weitere 300 griechische Zivilpersonen ihr Leben verloren.

Hat es für diese Wehrmachtsverbrechen auf dem Balkan je eine Sühne gegeben? Vom „Geiselmordprozeß" 1947, von den Verfahren vor griechischen und jugoslawischen Gerichten ist bereits die Rede gewesen. Von der Justiz in der Bundesrepublik Deutschland wurde nur einmal wegen eines deutschen Kriegsverbrechens auf dem Balkan verhandelt: 1951 hatte sich ein ehemaliger Hauptmann der Wehrmacht vor dem Landgericht Augsburg zu verantworten, weil er sechs Zivilisten hatte erschießen lassen. Das Gericht erkannte auf Freispruch – weil „mit dem Begriff Partisanen, wie er auf deutscher Seite im Jahr 1944 gebraucht wurde, alle Zivilpersonen im besetzten Gebiet verstanden wurden, welche der Begehung feindseliger Handlungen gegen Personen und Sachgüter der deutschen Kriegsmacht auch nur in etwa verdächtig waren ..."

Ein Ermittlungsverfahren gegen zwei am Massaker von Kalavrita beteiligte Wehrmachtsoffiziere hat die Staatsanwaltschaft Bochum 1974 eingestellt.

Italien

Deutsche Kriegsverbrechen in Italien, also im Land eines einstigen Verbündeten, bilden – so meint einer der besten Kenner der Materie – „einen selbst unter Fachwissenschaftlern lange Zeit wenig beachteten und – nicht zuletzt deshalb – der kollektiven Erinnerung verschlossenen Bereich unserer Vergangenheit ...“[86]

Diese aktive Verdrängung hängt vielleicht auch damit zusammen, daß im italienischen Bundesgenossen den deutschen Soldaten ein Heer zur Seite stand, das sich, trotz aller Aggressivität auch des italienischen Fascismo, eben nicht durch jenen bis zum äußersten Extrem gesteigerten Vernichtungswillen auszeichnete, der für die Wehrmacht so typisch gewesen ist. „Übrigens sind die Italiener in der Behandlung der Judenfrage außerordentlich lax“, notierte sich Propagandaminister Goebbels in seinem Tagebuch[87] – und diese Beobachtung stimmte weitgehend mit den Tatsachen überein. So soll der italienische Kommandeur der Infanterie-Division „Marche“, Generalleutnant Guiseppe Amico, der die Auslieferung von Juden aus Dubrovnik (damals Ragusa) verhindert hat, hierzu geäußert haben: „Die Gesetze der Kroaten sind streng; die der Deutschen noch strenger. Die armen nach Ragusa geflüchteten Juden nach Sarajevo zurückschicken, hieße ja die Juden in den Tod schicken.“ Nebenbei bemerkt, ist diese Äußerung des italienischen Generals – der später von den Deutschen ermordet wurde – ein deutlicher Hinweis darauf, daß jeder, der wachen Sinnes war, sehr wohl wissen konnte, was mit den Juden geschah ...

Am 25. Juli 1943 wurde der „Duce“ Benito Mussolini vom faschistischen „Großrat“ abgesetzt; die ihn ablösende Regierung des Marschalls Pietro Badoglio verkündete am 8. September einen fünf Tage zuvor mit den Alliierten vereinbarten Waffenstillstand. Italien hatte damit sein Bündnis mit Hitlerdeutschland beendet – eine völkerrechtlich vollkommen legitime Handlungsweise. Zutiefst verbrecherisch waren allerdings die daraufhin von deutscher Seite ergriffenen Gegenmaßnahmen, in die die Wehrmacht in besonderer Weise verwickelt gewesen ist.

Die rechtmäßige Badoglio-Regierung hatte die ihr bereitwillig gehorchenden italienischen Soldaten zunächst angewiesen, nur im Falle deutscher Angriffe zu reagieren; am Abend des 11. September 1943 mit einer zweiten Weisung an die nationalen Streitkräfte die deutschen Truppen offiziell zum Feind erklärt. Die von deutscher Seite später vorgebrachte Schutzbehauptung, es mit italienischen „Freischärlern" zu schaffen zu haben, entbehrte jeder Grundlage und wurde vom Nürnberger Militärgerichtshof zu Recht verworfen.

„Oberbefehlshaber Süd" war damals Generalfeldmarschall Albert Kesselring. Dieser 1885 geborene, 1940 zum Generalfeldmarschall beförderte Offizier – 1947 von einem britischen Militärgericht zum Tode verurteilt, zu lebenslanger Haft begnadigt und schon 1952 auf freien Fuß gesetzt (ein Jahr später veröffentlichte er mit großem Erfolg seine Memoiren) – gab noch am selben 8. September kurz vor Mitternacht eine Weisung heraus, derzufolge es „gegen Verräter keine Schonung" geben dürfe. In einem gemeinsamen Befehl der Generalfeldmarschälle Kesselring und Rommel (als Befehlshaber der benachbarten Heeresgruppe B) vom 23. September 1943 hieß es darüber hinaus: „Irgendwelche sentimentalen Hemmungen des deutschen Soldaten gegenüber Badogliohörigen Banden in der Uniform des ehemaligen Waffenkameraden sind völlig unangebracht. Wer von diesen gegen den deutschen Soldaten kämpft, hat jedes Anrecht auf Schonung verloren ..."*

* Offensichtlich kam keiner der vermutlich ernsthaft empörten deutschen Offiziere auf den eigentlich naheliegenden Gedanken, daß, wenn es denn je einen Verrat eines ehemaligen Verbündeten am einstigen Bundesgenossen gegeben habe, dieser Fall ja viel eher beim ohne jede Kriegserklärung erfolgten Überfall der deutschen Wehrmacht auf die Sowjetunion vorgelegen haben müsse.

In konsequenter Umsetzung dieser völkerrechtswidrigen Aufträge haben deutsche Truppen daher, neben anderen Greueltaten, im September 1943 auf der griechischen Insel Kephalonia zwischen 4700 und 5300 italienische Offiziere, Unteroffiziere und Mannschaften ermordet, nachdem diese eine bedingungslose Kapitulation abgelehnt hatten. Verantwortlich hierfür waren die Offiziere und Soldaten der 1. Gebirgsjäger-Division. Der späteren Aussage eines Hauptmannes der Artillerie namens Amos Pampaloni, der sich mit achtzig Kameraden nach hartem Kampf den Deutschen ergeben hatte, läßt sich entnehmen, wie diese mit ihren Gefangenen umgingen. „Nach Abgabe der Waffen mußten sich die Gefangenen in Reihe aufstellen, und als der deutsche Hauptmann verlangte, daß selbst die marschunfähigen Verwundeten in die Reihe zu treten hätten, begriffen die Soldaten, was ihnen bevorstand. Der Batteriechef erhielt den Befehl, sich an die Spitze zu begeben, wo ihn der Hauptmann mit einem Genickschuß niederstreckte. Die Kugel durchdrang zwar den Hals, streifte Wirbelsäule und Halsschlagader, verletzte aber keine lebenswichtigen Organe. Pampaloni stürzte, empfand jedoch keine Schmerzen und blieb bei Bewußtsein. Daher erlebte er, wie die Deutschen seine Leute mit einem Maschinengewehr niedermähten, hörte den gemeinsamen Schrei: „Mutter ... Gott!“ Der Leichnam eines anderen Offiziers fiel auf die Beine des stark blutenden Hauptmanns. Kurz nach ihrer Mordtat zogen die Gebirgsjäger laut lachend und singend ab ...“[88]

Anfang Oktober 1943 haben deutsche Wehrmachtssoldaten nach der Eroberung der von 4000 italienischen und 1300 britischen Soldaten gemeinsam verteidigten Dodekanes-Insel Kos (Unternehmen „Eisbär“, 3. 10. 1943) durch die 22. Infanterie-Division unter dem bereits erwähnten Generalleutnant Friedrich-Wilhelm Müller den italienischen Inselkommandanten, Oberst Felice Leggio, und mindestens 100 seiner Offiziere massakriert (während die überwältigten Briten in die Kriegsgefangenenlager wanderten).

Mitte November 1943 wurden in Albanien 59 malariakranke italienische Offiziere, die von einer Kompanie der Division „Brandenburg" in die Stadt Ohrid verbracht werden sollten, einfach erschossen, als Regenfälle die Wege aufweichten und der Transport der Kranken zu aufwendig wurde („Das sind doch nur Italiener", sagte der Kompaniechef, ein 23jähriger Oberleutnant, der sich an der Exekution persönlich beteiligte).

Daß sich die deutsche Wut nach dem Kriegsaustritt Italiens im September 1943 nicht nur – wie soeben an drei Beispielen kurz verdeutlicht – gegen die völkerrechtswidrig zu „Freischärlern" deklarierten regulären Soldaten des einstigen Bundesgenossen richtete, sondern gegen das gesamte italienische Volk, mag aus einem Befehl des Kommandierenden Generals des XIV. Panzerkorps, General Hans Valentin Hube, hervorgehen, der für den Versuch, die Stadt Neapel – wo es zuvor zu einer Volkserhebung gekommen war und wo Kesselring und seine Generale eine Landung der Alliierten erwarteten – am 12. September 1943 wieder unter eigene Kontrolle zu bringen, angeordnet hatte, seine Truppen sollten „unter rücksichtslosestem und brutalstem Einsatz aller Machtmittel" gegen die Italiener vorgehen; es werde „jedes noch so scharfe Durchgreifen unter allen Umständen gedeckt". Und dies bis zum Äußersten – „auch wenn ganz Neapel in Flammen aufgeht. Auf die Zivilbevölkerung kann keinerlei Rücksicht genommen werden".

Ein solcher Geist, der freilich mit jener „Ritterlichkeit", die deutsche Ex-Soldaten nach 1945 so gerne

„Erinnerungsphoto“ an die Hinrichtung italienischer Partisanen

für sich reklamierten, nicht das geringste zu tun hat, herrschte offenbar auf dem gesamten italienischen Kriegsschauplatz. Besonders bemerkenswert ist der Befehl, den der General der Gebirgstruppen Ludwig Kübler am 24. Februar 1944 zwecks „Führung des Bandenkampfes“ formulierte. „Im Kampf ist alles richtig und notwendig, was zum Erfolg führt“, hieß es darin. Und Kübler versprach seinen Männern: „Ich werde jede Maßnahme persönlich decken, die diesem Grundsatz entspricht.“ Worum es dem General dabei ging, wurde selbstverständlich nicht im unklaren gelassen: Wer immer die feindlichen „Banden“ unterstütze, sei „todeswürdig und zu erledigen“. General Kübler, Befehlshaber der Operationszone Adriatisches Küstenland, wurde im Juli 1947 von einem jugoslawischen Kriegsgericht zum Tode verurteilt – was die Führung der Bundeswehr freilich nicht hinderte, eine Gebirgsjägerkaserne in Mittenwald 1964 in „General-Kübler-Kaserne“ umzubenennen.[89]

Wehrmachtsangehörige bei der Partisanenbekämpfung in Italien

In einer einige Wochen später, vermutlich im Juni 1944 entstandenen, undatierten, von Kesselring als Oberbefehlshaber Südwest unterzeichneten Bekanntmachung teilte der deutsche Generalfeldmarschall der italienischen Bevölkerung mit: „Jeder Ort, in dem sich Banditen nachweisen lassen, in dem Anschläge auf deutsche oder italienische Soldaten beziehungsweise Sabotageaktionen zur Beschädigung oder Zerstörung von Kriegsmaterial begangen worden sind, wird völlig niedergebrannt. Darüber hinaus werden alle männlichen Einwohner des Ortes, die über 18 Jahre alt sind, erschossen. Die Frauen werden in Arbeitslager interniert." Wenig später, am 11. Juli 1944, verfügte der Ortskommandant von Covolo, falls bei einem Attentat Deutsche zu Tode kämen, würden „sofort alle Männer des Bereichs erschossen, die Häuser niedergebrannt, die Frauen interniert und das Vieh requiriert werden".

Wie schon auf dem Kriegsschauplatz im Osten, ging die tatsächliche Praxis über solche maßlosen Vergeltungsaktionen noch weit hinaus, so daß sich selbst der von deutschen Fallschirmjägern im September 1943 aus seiner Haft in den Abruzzen befreite Benito Mussolini in einem Brief an den deutschen Botschafter am 21. August 1944 beklagte: „Als Mensch und Faschist kann ich für dieses Massakrieren von Frauen und Kindern nicht länger die, sei es auch nur indirekte, Verantwortung tragen." Solche Massaker kamen häufig vor – in San Clemente, Provinz Caserta, starben am 4. Oktober 1943 25 Personen, weil deutsche Soldaten ihr Haus in die Luft sprengten – darunter ein zehn Monate altes Baby und ein dreijähriges Kind. Noch heute erinnert ein Gedenkstein an diese „deutsche Grausamkeit (ferocia teutonica)".

Am 21. November 1943 räumten deutsche Soldaten – vermutlich Truppen des Fallschirmjägerregimentes 1 – den Ort Limmari, um dort eine Zone der Verwüstung zu schaffen; ein Teil der dort noch verbliebenen Einwohner wurde in den Häusern ermordet, 112 Personen, darunter 31 Kinder, mußten sich um eine alleinstehende Eiche versammeln, um die die Soldaten einen Ring aus Panzerminen legten, den sie per Fernzündung zur Explosion brachten. Verwundete wurden alsdann per „Fangschuß" ermordet – nur die siebenjährige Virginia Macerelli kam, unter der Leiche ihrer Mutter verborgen, mit dem Leben davon ...

Auch diese Aufzählung könnte seitenlang fortgesetzt werden. Doch diese Fakten – und es handelt sich ja allermeist um Taten, die in aller Offenheit geschahen! – hinderten Kesselrings Nachfolger als Oberbefehlshaber Südwest, Generaloberst Heinrich von Vietinghoff-Scheel, keineswegs daran, 1947 in einer rechtfertigenden Denkschrift zu behaupten: „Der Krieg in Italien endete wie er begonnen und verlaufen: ‚fair'."

Noch einmal die „Westfront"

Am 7. Dezember 1941, dem Tag des japanischen Überfalls auf Pearl Harbor, zeichnete Hitler den sogenannten „Nacht-und Nebel-Erlaß", der von Generalfeldmarschall Keitel am 12. Dezember, unmittelbar nach der Kriegserklärung Deutschlands an die Vereinigten Staaten von Amerika, weitergeleitet wurde. Nach diesem Erlaß, der „Richtlinien für die Verfolgung von Straftaten gegen das Reich oder die Besatzungsmacht in den besetzten Gebieten" formulierte, sollten Straftaten der nichtdeutschen Zivilbevölkerung nur noch dann „vor Ort" geahndet werden, wenn dies mit der Todesstrafe geschah – in allen anderen Fällen „sind die Täter, mindestens aber der Haupttäter nach Deutschland zu bringen". So sollten „Zeichen von Schwäche" vermieden werden: „Eine wirksame und nachhaltige Abschreckung ist nur durch Todesstrafen oder durch Maßnahmen zu erreichen, die die Angehörigen und die Bevölkerung über das Schicksal im Ungewissen halten. Diesem Zweck dient die Überführung nach Deutschland" – so Keitels erläuterndes Begleitschreiben vom 12. Dezember 1941. Die Abwehrstellen der Wehrmacht waren in die Durchführung dieses völkerrechtswidrigen Terrorbefehles unmittelbar eingeschaltet. Wohl über 7000 Menschen wurden demgemäß aus Westeuropa in deutsche Konzentrationslager verschleppt, allein etwa 5000 aus Frankreich.

Am 18. Oktober 1942 folgte noch der „Kommandobefehl", der sich insbesondere gegen britische Spezialeinheiten richtete, die hinter den deutschen Linien abgesetzt wurden, um dort Sabotageakte oder ähnliche Aktionen durchzuführen. Hitler befahl nun, solche Soldaten – gegen die Bestimmungen des Kriegsvölkerrechts

– „bis auf den letzten Mann niederzumachen"; ihnen sei „jeder Pardon zu verweigern". Im Nürnberger Prozeß von 1946 wurde dieser Befehl als Grundlage zahlreicher Kriegsverbrechen auch durch Wehrmachtsangehörige gewertet. Ein Beispiel hierfür, das auch im OKW-Prozeß 1948 verhandelt wurde: Im Juli 1944 wurden in der Gegend von Poitiers zwei britische Fallschirmjäger nach einer Sabotagesprengung gefaßt. Nach Folterung durch Polizisten des Sicherheitsdienstes (SD) gaben diese Männer den Aufenthalt der restlichen Kommandosoldaten preis, die, insgesamt 34 Mann, alsbald überwältigt wurden. Drei Tage später wurden 31 der Gefangenen von einer Radfahrerschwadron zu einer Waldlichtung gebracht und dort durch Herzschüsse aus nächster Nähe ermordet.

Wieviele solcher Verbrechen insgesamt stattgefunden haben, läßt sich nicht mehr ermitteln. Auch sie bezeugen jedenfalls die fortwährende Verrohung der deutschen Kriegsführung, die im Verlauf des Weltkrieges allmählich alle Kriegsschauplätze erfaßte.

5. NS-Militärjustiz

Nicht unerwähnt bleiben darf schließlich die nationalsozialistische Militärjustiz, die einen integralen Bestandteil der brutalen Kriegsführung bildete. Von den 3000 Militärjuristen des nationalsozialistischen Staates wurden über 30000 Todesurteile gefällt und in zwei Dritteln aller Fälle vollstreckt – sie kosteten also über 20000 Menschen das Leben.

22750 Todesurteile erfolgten wegen „Fahnenflucht", etwa 15000 davon dürften auch vollstreckt worden sein. Andere Hinrichtungsgründe waren „Wehrkraftzersetzung", Hoch- oder Landesverrat, Spionage, Begünstigung des Feindes usw. Betont werden muß allerdings, daß kein Fall eines Todesurteils bekannt geworden ist, demzufolge ein Soldat sein Leben verloren hätte, weil er sich weigerte, an der Ausführung eines verbrecherischen Befehls teilzunehmen. Anders verhielt es sich freilich bei der grundsätzlichen Kriegsdienstverweigerung aus Gewissensgründen. Alleine das Reichskriegsgericht in Berlin verhängte 1189 Todesurteile; 1049 wurden vollstreckt, darunter 260 Urteile gegen Kriegsdienstverweigerer, deren Verfahren bis August 1944 in Berlin gesammelt verhandelt wurden.

Nicht einer dieser NS-Militärrichter wurde nach 1945 belangt – aber manch einer von ihnen stieg im Nachkriegsdeutschland in höchste Positionen auf, etwa der ehemalige Ministerpräsident von Baden-Württemberg, Hans Filbinger, der noch im Januar 1945 als Vertreter der Anklage gegen den 22jährigen Matrosen Walter Gröger

Hinrichtung eines deutschen Deserteurs im niederländischen Oldenzaal

die Todesstrafe gefordert hatte, die denn auch verhängt und in seinem Beisein im März 1945 vollstreckt wurde. Als der Fall 1978 bekannt wurde, mußte Filbinger schließlich zurücktreten – nicht ohne vorher starrsinnig bekannt zu haben: „Was damals rechtens war, kann heute nicht falsch sein ...“*

Die Militärrichter des Hitlerstaates ließen sich dabei offenbar von einer in Rechtsform gegossenen „Dolchstoßlegende“ leiten – das Ende des Ersten Weltkrieges (in dem deutsche Militärgerichte 58 Soldaten hatten hinrichten lassen) stand ihnen als mit allen, auch den brutalsten Mitteln zu verhindernder „Zusammenbruch“ warnend vor Augen. „Der erste Weltkrieg ist verloren worden, weil Tausende von Drückebergern sich hinten herumtrieben, statt sich zur kämpfenden Truppe zu begeben. Derartige Zustände dürfen in diesem Krieg nicht wiederkehren“ – so oder ähnlich heißt es stereotyp in einer Fülle von Kriegsgerichtsurteilen.

Die Militärgerichtsurteile der Hitler-Epoche grundsätzlich zu Unrechtsurteilen zu erklären – zu dieser Konsequenz hat sich der Deutsche Bundestag allerdings bis heute nicht durchringen wollen. Fürchtet man Folgen für die soldatische Disziplin – heute noch?

* Hans Filbinger, ein Musterbeispiel deutscher Geschichtskontinuität, hatte freilich schon 1935 als Jurastudent in seiner Promotionsarbeit die These vertreten, die „Rechtsordnung des neuen Staates“ könne „kein blutleeres Gebilde – von Gelehrtenhirnen ausgedacht und dem Volk und Staat übergestülpt“ sein, sie sei „die aus dem Volk erwachsene und vom Volk gewollte Lebensordnung ...“ Und weiter: „Schädlinge am Volksganzen ... werden unschädlich gemacht werden.“ So zitiert in DER SPIEGEL, Nr. 21/1978.

6. Hitlers „Wunderwaffen“

Zu den „Argumenten“, die seit 1945 bis auf den heutigen Tag die deutsche Schuld am und im Zweiten Weltkrieg relativieren sollen, zählt neben dem Verweis auf die alliierten Bombenangriffe gegen deutsche Städte, zum Beispiel auf Dresden 1945, auch der Fingerzeig auf die Atombombenabwürfe auf Hiroshima und Nagasaki im August des letzten Kriegsjahres. Daß dieses „tu quoque“ (zu Deutsch: „Ihr habt ja selber ...!“) die deutschen Verbrechen nicht rechtfertigen kann, steht jedoch außer Frage – auch wenn es sich nach der Überzeugung des Verfassers im Falle von Dresden, Hiroshima und Nagasaki zweifelsfrei um Kriegsverbrechen gehandelt hat. Aber das Terrorbombardement gegen die Zivilbevölkerung großer Städte war, wie bereits geschildert, ganz offenkundig eine Novität, die von deutscher Seite in die Kriegsführung eingeführt wurde – erst, als es die Deutschen selber traf, begannen diese sich über die „Heimtücke“ der Alliierten zu beklagen.

Die Atombombe bedarf freilich noch einer besonderen Erwähnung.[90] Als sie am 6. August 1945 auf die japanische Stadt Hiroshima fiel, befanden sich die deutschen Atomphysiker Otto Hahn, Werner Heisenberg und Carl Friedrich von Weizsäcker mit sieben anderen Wissenschaftlern im Landgut „Farm Hall“ nahe Cambridge/England. Alliierte Truppen hatten sie in den letzten Kriegstagen verhaftet und festgesetzt, und im Juli 1945 wurden sie nach Großbritannien gebracht. Ihre Gespräche in „Farm Hall“ wurden abgehört und aufgezeichnet

– 1992 ist die Mitschrift veröffentlicht worden. Nachdem die Männer von der Zerstörung Hiroshimas erfahren haben, versuchte von Weizsäcker eine Rechtfertigung: „In den Geschichtsbüchern wird stehen, daß die Amerikaner und Engländer eine Bombe gebaut haben und daß die Deutschen zur selben Zeit unter dem Hitlerregime eine arbeitsfähige Maschine entwickelten. Mit anderen Worten: Die friedliche Entwicklung der Uranmaschine fand unter dem Hitlerregime statt, während die Amerikaner und Engländer diese scheußliche Kriegswaffe entwickelten."

In den erwähnten Geschichtsbüchern hält sich seither, der These von der „Ritterlichkeit" der deutschen Soldaten vergleichbar, hartnäckig die Legende, es sei auf eine Art passiven Widerstands deutscher Wissenschaftler zurückzuführen, daß es keine deutsche Atombombe gegeben habe. Die „Uranmaschine", die von Weizsäcker erwähnt hatte – nach den Worten von Rüstungsminister Speer ein „energieerzeugender Uranbrenner" –, diente in der Tat „nur" der Energieerzeugung zu Antriebszwecken insbesondere für U-Boot-Motoren. Allerdings gelang es den deutschen Wissenschaftlern nicht, eine kontrollierte Kettenreaktion in Gang zu setzen, weil es im Dritten Reich an Uran und vor allem an „Schwerem Wasser" mangelte.

Drei Jahre zuvor, am 4. Juni 1942, hatte der neue Reichsminister für Bewaffnung und Munition, Albert Speer – der Nachfolger des am 8. April tödlich verunglückten Dr. Fritz Todt –, die deutschen Kernphysiker zu einem Gespräch gebeten. Auch Professor Ferdinand Porsche wohnte der Unterredung bei, desgleichen viele ranghohe Generäle und Admirale. Heisenberg berichtete von der Möglichkeit, einen Atomreaktor zu bauen, und auch über die Möglichkeit einer Kernwaffe. Generalfeldmarschall Erhard Milch fragte alsbald zurück:

Milch: „Wie groß müßte eine Bombe sein, die eine große Stadt wie London in Trümmer legt?"

Heisenberg: „Etwa so groß wie eine Ananas" ...

In einem vielzitierten Interview mit dem Journalisten David Irving hat Heisenberg später behauptet, er habe dann auf die Frage nach der Machbarkeit geantwortet, der Bau solcher Bomben sei im Prinzip durchaus möglich, würde aber viele Jahre dauern, ungeheuer kostspielig sein und „enormen technischen Aufwand" erfordern.

In den Erinnerungen von Albert Speer liest sich das allerdings etwas anders: „Auf Vorschlag der Kernphysiker verzichteten wir schon im Herbst 1942 auf die Entwicklung der Atombombe, nachdem mir auf meine erneute Frage nach den Fristen erklärt worden war, daß nicht vor drei bis vier Jahren damit zu rechnen sei ..."

Bei dieser von Speer erwähnten Erklärung, daß für den Bau einer Atombombe drei bis vier Jahre zu veranschlagen seien, handelte es sich keineswegs um eine „Übertreibung aus politischen Gründen", sondern um eine recht realistische Auskunft, die in erstaunlichem Einklang mit den späteren US-Erfahrungen stand (in den USA wurde bekanntlich am 2. Dezember 1942 der erste Atomreaktor angefahren und am 16. Juli 1945 der erste Test einer Atombombe durchgeführt). Es war schlichtes *Glück* für die deutschen Wissenschaftler – und, wohlgemerkt, vor allem auch für den Rest der Welt! –, daß die Führungsclique des NS-Staates ihre Forschungsprioritäten anders setzte als die US-Regierung. Die „Wunderwaffen", von denen sich Adolf Hitler bis zuletzt eine kriegsentscheidende Wende erhoffte, waren die im Konzentrationslager „Dora-Mittelbau" von Tausenden von Zwangsarbeitern in brutalster Sklavenarbeit gefertigten Raketen V 1 und V 2, die ihre konventionellen Sprengladungen über England zündeten. Generalfeldmarschall

Milch erhoffte sich, diese neuen Waffen würden in England „ein paar Millionen umlegen" – tatsächlich haben sie dort rund 9000 Menschen getötet. Hätten sich General Milch, Minister Speer und der „Führer" Adolf Hitler selber jedoch nicht für diese in der Wirkung arg überschätzten Terrorwaffen, sondern für die von Heisenberg beschriebene „Kernwaffe", mithin für ein deutsches „Manhattan-Projekt" entschieden, die Mitarbeit der deutschen Kernphysiker wäre ihnen gewiß gewesen – und an der Bereitschaft des deutschen Militärs, von dieser neuartigen Waffe wieder einmal „rücksichtslos" Gebrauch zu machen, hätte es ebenso gewiß nicht gemangelt.

In den „Farm Hall"-Gesprächen, aus denen der US-General Leslie R. Groves, der militärische Leiter des „Manhattan-Projekts", schon 1954 Auszüge veröffentlicht hatte, beklagte sich Heisenberg sogar noch darüber, daß er dem deutschen Atomenergie-Projekt nicht die gleiche Anstrengung habe widmen können, wie sie an die Entwicklung der V 1 und V 2 gewendet worden sei.

„Heisenberg: Wir hätten gar nicht den moralischen Mut aufgebracht, im Frühjahr 1942 der Regierung zu empfehlen, 120000 Mann einzustellen, nur um die Sache aufzubauen."

In *dieser* Richtung hat es also, so Heisenberg, an „moralischem Mut" gemangelt …

Mit dem sicheren Instinkt eines erfolgreichen Machtmenschen durchschaute General Leslie Groves die kläglichen Rechtfertigungsversuche der Deutschen – und schrieb: „Daß wir imstande gewesen waren, eine Riesenarbeit zu vollbringen, die die Voraussetzung für den Erfolg war, wie die deutschen Gelehrten genau wußten, und daß sie unter den Verhältnissen des Dritten Reichs damit nicht einmal hatten anfangen können, dies schien auf die deutschen Gelehrten sehr tiefen Eindruck zu machen ... Dann plötzlich drang das Bestreben durch, sich zu rechtfertigen: wenn sie mit dem Bau einer Atombombe nicht zum Erfolg gelangt seien, dann deshalb, weil sie ihn in Wirklichkeit gar nicht hätten haben wollen ...“

Schon im Frühling 1945 verfaßte Lise Meitner, die mit Otto Hahn 1939 die erste Atomkernspaltung durchgeführt hatte, aber alsdann ins Ausland emigriert war, einen Brief an ihren früheren Kollegen Otto Hahn. Dieser Brief hat allerdings den Empfänger nie erreicht; Hahn war zu dieser Zeit bereits verhaftet, und Meitner hat erst später von seinem Aufenthaltsort erfahren. Dennoch: Dieser Brief der aus Deutschland vertriebenen Physikerin, deren wissenschaftliche Verdienste von ihren männlichen Kollegen lange genug ungebührlich geschmälert worden sind, enthält klare Sätze über die Lage der deutschen Atomforscher, ja über die Situation so vieler, vorgeblich mit Hitler nicht einverstandener Deutscher. Diese Sätze passen deshalb gut auch an das Ende unserer Studie über die Kriegsverbrechen deutscher Militärs: „Das ist ja das Unglück von Deutschland, daß Ihr alle den Maßstab für Recht und Fairneß verloren hattet ... Ihr habt auch alle für Nazi-Deutschland gearbeitet und habt auch nie nur einen passiven Widerstand zu machen versucht. Gewiß, um Euer Gewissen loszukaufen, habt Ihr hier und da einem bedrängten Menschen geholfen, aber Millionen unschuldiger Menschen hinmorden lassen, und keinerlei Protest wurde laut.“

Nachwort
Legende und Wahrheit

Die seinerzeit in der Toscana lebende Amerikanerin Iris Origo beschreibt in ihrem Kriegstagebuch eine Begegnung mit zwei jungen deutschen Soldaten, die sich am 2. August 1943 – ihrem Geburtstag – ereignet hat:

„Wie sie so dasitzen, sehr korrekt und höflich, ein Glas Wein trinken und einen förmlichen Trinkspruch ausbringen, habe ich das Gefühl, in meinem ganzen Leben noch nie so extrem spezialisierten Menschen begegnet zu sein: *Kriegern*!" (Hervorhebung im Original)[91] Kaum ein Jahr später muß Frau Origo in ihrem Tagebuch festhalten, daß solche deutschen Krieger am 28. Juni 1944 im nahen Städtchen Chanciano einen 14jährigen Jungen auf der Stelle mit einem Kopfschuß erledigen, weil er ihnen „Beleidigungen ins Gesicht schleuderte ...".[92]

Ritterlich, ja „fair", wie sie das auch im nachhinein so oft von sich selber behauptet haben, sind die deutschen Wehrmachtssoldaten in einer allzu großen Zahl eben gerade *nicht* gewesen – sie traten auf als Krieger mit professioneller Brutalität und oft bis zum Äußersten gesteigerter Vernichtungsbereitschaft, und als solche zogen sie eine beispiellose Blutspur durch die Welt. Diese Eigenart deutscher Kriegsführung konnte auch dem kaum verborgen bleiben, dem es persönlich gelang, sich vor der unmittelbaren Teilnahme an verbrecherischen Aktionen zu bewahren.

Neben dem durch die mittlerweile vorliegende Daten- und Dokumentenfülle löcherig gewordenen Deckmäntelchen vermeintlicher Unwissenheit wird als Rechtfertigungsargument vor allem die „Pflicht" ins Feld geführt, wenn nicht schlicht behauptet wird, man habe einfach „mittun" müssen – „sonst hätten sie mich ja auch erschossen" (ein „Argument", das freilich mit jenem anderen, dem „Davon wußten wir nichts", sachlich nur schwer in Einklang zu bringen ist). Deshalb sei noch einmal darauf verwiesen, daß sich trotz intensiver, jahrelanger Recherchen der Zentralstelle zur Aufklärung von NS-Verbrechen (Ludwigsburg) nicht ein Fall hat finden lassen, in dem ein Wehrmachtsangehöriger selber exekutiert oder auch nur schwer bestraft worden wäre, weil er die Ausführung eines von ihm als verbrecherisch erachteten Befehls verweigert hätte – *gegenteilige* Fälle, in denen solche Zivilcourage nicht einmal eine Disziplinarmaßnahme nach sich zog, sind hingegen durchaus bekannt.

Es waren wohl überwiegend innere Gründe, die deutsche Soldaten so vielfach und meist bereitwillig zu Komplizen des Massenmordes werden ließen (wenn sie nicht sogar aktive Täter gewesen sind). Pflichtbewußtsein und Professionalität können ja auch als eine seelische Eigenart gewertet werden, bei der das eigene grausame Tun von den „üblicherweise" eine solche Tat erschwerenden oder doch zumindest begleitenden Gefühlen (etwa Mitleid mit dem anderen Menschen oder Scham über die eigene Roheit) entkoppelt worden ist – die Tiefenpsychologie spricht hier von der „Isolierung vom Affekt".[93] Ging diese „Selbstimmunisierung" den Deutschen besonders leicht von der Hand? *Dieses* Thema gründlicher zu betrachten, wäre wohl der beste Beitrag zu einer vorbeugenden Verhinderung ähnlicher Untaten. Doch hierzu ist bislang nur wenig Arbeit geleistet worden. Der Militärhistoriker Manfred Messerschmidt hat in einer der unzähligen Diskussionsrunden, die 1996 um das Goldhagen-Buch „Hitlers willige Vollstrecker" geführt wurden, angemerkt, man solle den nationalsozialistischen Massenmord nicht nur aus dem Antisemitismus, sondern auch mit dem Duckmäusertum der Deutschen erklären. Leider verhallte dieser Zwischenruf ungehört – einmal ernstgenommen, gäbe er den Blick auf unerforschtes Terrain frei. Der von den Nationalsozialisten 1945 ermordete Theologe Dietrich Bonhoeffer hat dazu geschrieben:

„Wir haben in diesen Jahren viel Tapferkeit und Aufopferung, aber fast nirgends Civilcourage gefunden, auch bei uns selbst nicht. Es wäre eine zu naive Psychologie, diesen Mangel einfach auf persönliche Feigheit zurückzuführen. Die Hintergründe sind anders. Wir Deutschen haben in einer langen Geschichte die Notwendigkeit und die Kraft des Gehorsams lernen müssen ... Wer wollte dem Deutschen bestreiten, daß er im Gehorsam, im Auftrag, im Beruf immer wieder das Äußerste an Tapferkeit und Lebenseinsatz vollbracht hat? Aber er hatte damit die Welt verkannt; er hatte nicht damit gerechnet, daß seine Bereitschaft zur Unterordnung, zum Lebenseinsatz für den Auftrag mißbraucht werden könnte zum Bösen. Geschah dies, wurde die Ausübung des Berufes selbst fragwürdig, dann mußten alle sittlichen Grundbegriffe des Deutschen ins Wanken geraten. Es mußte sich herausstellen, daß eine entscheidende Grunderkenntnis dem Deutschen noch fehlte: die von der Notwendigkeit der freien, verantwortlichen Tat auch gegen Beruf und Auftrag."[94]

Diesen Sätzen bleibt nichts hinzuzufügen – außer dem schlichten Faktum, daß – was die reinen Zahlen anbetrifft – die deutsche Wehrmacht sicherlich das größte Kontingent an „Hitlers willigen Vollstreckern" gestellt hat. Gerade deshalb ist die Kriegsgeschichte so lange von verharmlosenden Legenden geprägt worden.

Anhang

Anmerkungen

1 In Wahrheit: „Reichsanstalt für Industriefette".

2 Der wichtigste Denkanstoß hierzu kam von der Wanderausstellung „Vernichtungskrieg", die das von Jan Philipp Reemtsma geleitete Hamburger Institut für Sozialforschung 1995 organisiert hatte.

3 Die beiden anderen Bände sind: Auschwitz und die ‚Auschwitz-Lüge'. Massenmord und Geschichtsfälschung, München 1994, und: Furchtbare Ärzte. Medizinische Verbrechen im Dritten Reich. München 1995.

4 Um die Darstellung nicht übermäßig zu komplizieren, wird im folgenden Text auf den Quellennachweis allgemein zugänglicher Dokumente – etwa die Reden des Kaisers, Hitlers oder anderer Politiker, die Akten der Nürnberger Prozesse etc. etc. – verzichtet; auf die in den Anmerkungen und im Literaturverzeichnis aufgeführte Literatur sei ausdrücklich verwiesen.

5 Vgl. F. Fischer: Hitler war kein Betriebsunfall, München 1992.

6 D. J. Goldhagen: Hitlers willige Vollstrecker, Berlin 1996. Zur Diskussion über Goldhagens Buch siehe auch Anmerkung 7.

7 Das gilt auch für Goldhagen und sein Buch. In einem Diskussionsbeitrag dazu schrieb ich 1996 von einer Frage, „die sonderbarerweise nie im Zentrum der Debatte stand: Wie sieht eigentlich die psychische Disposition eines „willigen Vollstreckers" aus – denn daß es von dieser Sorte im Deutschland 1933–1945 allemal genug, bzw. viel zu viele gegeben hat, dürfte ja wohl außer Frage stehen! Der industriell organisierte Massenmord, der in Deutschland 1933 bis 1945 mit größter Perfektion betrieben worden ist (vor allem ab 1941 – sowohl an der Front des Vernichtungskrieges der Deutschen Wehrmacht wie in den Todeslagern der SS), bleibt historisch einzigartig – und Hitlers zentrale Rolle ist nicht wegzudeuteln. Aber: Wenn sich so viele Deutsche willig dazu hergaben, pünktlich die Züge nach Auschwitz rollen zu lassen, akribisch die Gaskammern zu planen und zu bauen, in endlosen Listen Buch zu führen über Tod und Vernichtung etc. etc. – welche Verbildung des

Gewissens hat diese hocheffiziente „Banalität des Bösen" möglich gemacht? Warum spielten so viele, sei es auch en miniature, die Rolle des Adolf Eichmann – und nur wenige den Part des Oskar Schindler? Mit Goldhagen hier auf einen „terminalen Antisemitismus" zu verweisen, setzt ja voraus, was eigentlich erst erklärt werden müßte! Sicher wird dabei die Rolle des von Deutschland verlorenen Ersten Weltkrieges, der „Urkatastrophe des Jahrhunderts" (George F. Kennan) viel zu wenig berücksichtigt. Antisemitismus gab es vor 1914 in Deutschland wie in Frankreich. Aber Deutschland verlor den Krieg, scheiterte mit seinem verspäteten Großmachtstreben und driftete 1918 hinüber in die „Judenrepublik" von Weimar, in der jener Antisemitismus die Rolle einer Suche nach dem Sündenbock übernahm, wie sie andernorts in Europa eben nicht nötig war!" T. Bastian in: DIE WOCHE, 6. 12. 1996.

8 Das „Heilige Römische Reich Deutscher Nation" war, von den Zeitgenossen kaum bemerkt, 65 Jahre zuvor, im Jahre 1806 untergegangen. „Zwiespalt des Bedienten und Kutschers auf dem Bock, welcher uns mehr in Leidenschaft versetzte als die Spaltung des Römischen Reiches" notierte sich Goethe.

9 In der Tat mußten die deutschen Delegierten 48 Jahre später, am 28. Juni 1919, in eben jenem Spiegelsaal den Versailler Friedensvertrag unterzeichnen.

10 G. F. Kennan: Bismarcks europäisches System in der Auflösung. Die französisch-russische Annäherung 1875–1890, Frankfurt-Berlin-Wien 1981, S. 12. Vgl. auch E. Schulin: Die Urkatastrophe des zwanzigsten Jahrhunderts, in: W. Michalka (Hrsg.): Der Erste Weltkrieg. Wirkung, Wahrnehmung, Analyse, München 1994.

11 H. Schulze: Staat und Nation in der europäischen Geschichte, München 1994, S. 260.

12 A. v. Waldersee: Denkwürdigkeiten, Bd. 2, S. 56.

13 M. Weber: Gesamtausgabe, Tübingen 1993, Bd. I/4, S. 571.

14 Ebenda, S. 671.

15 W. J. Mommsen: Großmachtstellung und Weltpolitik. Die Außenpolitik des Deutschen Reiches 1870 bis 1914, Frankfurt a.M., Berlin 1993, S. 15.

16 Eine gute Übersicht über die Epoche bietet auch G. Fesser: Der Traum vom Platz an der Sonne. Deutsche „Weltpolitik" 1897–1914, Bremen 1996.

17 Ein bemerkenswertes, selten erörtertes Problem. Ein ägyptischer Professor der Medizin fragte mich einmal, warum von aller Welt der Beginn des Zweiten Weltkrieges mit Hitlers Überfall auf Polen identifiziert werde – nicht mit Mussolinis Invasion in Abbessinien (1934). Er sah hierin den eurozentristischen Blickwinkel offiziöser Historiographie verkörpert.

18 Zu den „Hunnenbriefen" vgl. H. Afflerbach: „The Germans to the front", DIE ZEIT, 6. August 1993. Zur Expedition nach China darüber hinaus auch Fesser 1996 (wie Anm. 16), S. 56ff.; dort ist auch der Moltke-Brief zitiert.

19 Vgl. Fesser 1996 (wie Anm. 16), S. 84ff.

20 Einer seiner Vorgänger war der Vater des späteren Reichsmarschalls Hermann Göring gewesen.

21 Besorgt um das internationale Echo, bat Reichskanzler Bernhard von Bülow den Kaiser, diese Proklamation wieder aufheben zu dürfen. Wilhelm II. stimmte nach längerem Zögern zu.

22 Beim Namibia-Besuch von Bundeskanzler Helmut Kohl im September 1994 protestierten etwa 300 Angehörige des Herero-Volkes gegen den damaligen Völkermord. „Stammeschef Riruako äußerte sich enttäuscht darüber, daß Kohl eine Einladung zu einem Treffen und zu einer gemeinsamen Kranzniederlegung ausgeschlagen habe. Statt dessen habe er „wie jeder andere deutsche Tourist" die Vergnügungen im Ferienort Swakopmund gesucht." Schwäbische Zeitung, 16. September 1994.

23 Mommsen 1993 (wie Anm. 15), S. 187.

24 Schulze (wie Anm. 11), S. 276.

25 F. v. Bernhardi: Deutschland und der nächste Krieg, Leipzig 1912, S. 111

26 Zit. nach G. Fesser: Die Mutterlauge der Nazis, DIE ZEIT, 8. Juli 1994. Heinrich Claß hatte den Vereinsvorsitz bis 1939 inne; dann wurde der Alldeutsche Verband vom Chef der Sicherheitspolizei, SS-Oberführer Reinhard Tristan Heydrich, aufgelöst, weil das Programm des Vereins im NS-Staat verwirklicht sei ...

27 Berichte des Berliner Polizeipräsidenten 1914–1918, Weimar 1987, S. 7.

28 Eine umfassende Darstellung in: D. Martinetz: Der Gaskrieg 1914–1918. Entwicklung, Herstellung und Einsatz chemischer Kampfstoffe, Bonn 1996.

29 Vgl. hierzu A. Hermann: Wie die Wissenschaft ihre Unschuld verlor, Stuttgart 1982; G. v. Leitner: Der Fall Clara Immerwahr, München 1994.

30 R. Fiebig v. Hase: Der Anfang vom Ende des Krieges: Deutschland, die USA und die Hintergründe des amerikanischen Kriegseintritts am 6. April 1917, in: Michalka 1994 (wie Anm. 10), S. 126.

31 Schulze 1994 (wie Anm. 11), S. 285.

32 Zit. nach H. Afflerbach: Die militärische Planung des Deutschen Reiches, in: Michalka 1994 (wie Anm. 10), S. 304.

33 Vgl. H. Wiggenhorn: Eine Schuld fast ohne Sühne, DIE ZEIT, 16. 8. 1996.

34 W. Friedrich: Schießtag beim Parisgeschütz, in F. Felger (Hrsg.): Was wir vom Weltkrieg nicht wissen, Berlin und Leipzig o. J., S. 351.

35 Bei dem Angeklagten handelte es sich um den berühmten Psychiater Julius Wagner von Jauregg. Der Prozeß fand auf Initiative der Wiener Arbeiter- und Soldatenräte statt. Er endete mit einem Freispruch. In den Biographien des Medizinnobelpreisträgers findet dieses trübe Kapitel meistens keine Erwähnung.

36 Zu den Einzelheiten vgl. Bastian 1995 (wie Anm. 3), S. 27ff.

37 M. Nonne: Therapeutische Erfahrungen an den Kriegsneurosen in den Jahren 1914–1918. In: K. Bonhoeffer (Hrsg.): Handbuch der ärztlichen Erfahrungen im Weltkriege 1914–1918, Bd. IV, Leipzig 1922, S. 114.

38 D. Monkemöller: Die Simulation psychischer Krankheitszustände in militärforensischer Beziehung. Archiv für Psychiatrie und Nervenkrankheiten, Band 60, Berlin 1919, S. 641..

39 Zum Gesamtkomplex verweise ich auf den Aufsatz von Alan Kramer: „Greueltaten". Zum Problem der deutschen Kriegsverbrechen in Belgien und Frankreich 1914, in: G. Hirschfeld u.a. (Hrsg.): Keiner fühlt sich hier mehr als Mensch ... Erlebnis und Wirkung des Ersten Weltkrieges, Essen 1993, S. 85ff. – Diesem Beitrag sind auch die obigen Zitate entnommen.

40 Afflerbach1994 (wie Anm. 32), S. 303f.

41 Ebenda, S. 303.

42 H. Pogge von Strandmann: Warum die Deutschen den Krieg wollten, DIE ZEIT, 4. März 1988. Der Autor hat diesen Essay seinem Lehrer Fritz Fischer zum achtzigsten Geburtstag (am 5. März 1988) gewidmet.

43 Siehe hierzu auch die Arbeit von K. Vondung: Die Apokalypse in Deutschland, München 1988, v.a. die Seiten 485ff.
44 Die Weltbühne, 11. September 1932.
45 Zit. nach G. Niedhart: Kriegsende und Friedensordnung, in: Michalka 1994 (wie Anm. 10), S. 182.
46 Vgl. Die Macht der Bilder. Antisemitische Vorurteile und Mythen, Wien 1995, S. 243.
47 Vgl. V. Ullrich: „Dazu hält man für sein Land den Schädel hin! ...“ , DIE ZEIT, 11. 10. 1996.
48 Ebenda.
49 Vgl. J. C. G. Röhl: Wilhelm II. – „Das Beste waere Gas!“, DIE ZEIT, 25. 11. 1994.
50 K. Sontheimer: Antidemokratisches Denken in der Weimarer Republik, München 1978, S. 93.
51 Beide Äußerungen zitiert nach Sontheimer, S. 95.
52 Sontheimer, ibidem.
53 R. Graf von der Goltz: Als politischer General im Osten – Finnland und Baltikum 1918 und 1919, Leipzig 1936.
54 Vgl. Bastian 1994 (wie Anm. 3).
55 Siehe hierzu T. Bastian: Zivilcourage. Von der Banalität des Guten, Hamburg 1996.
56 So die baskische Schreibweise.
57 Vgl. K.H. Janßen, F. Tobias: Der Sturz der Generäle – Hitler und die Blomberg-Fritsch-Krise 1938, München 1994. Reichskriegsminister Blomberg war beim Führer ebenfalls in Ungnade gefallen, weil er in vorgerücktem Alter die Eheschließung mit einer einstigen Prostituierten gewagt hatte.
58 Vgl. N. Reynolds: Der Fritsch-Brief vom 11. Dezember 1938, in: Vierteljahreshefte für Zeitgeschichte 28, 1980, S. 360ff.
59 K.H. Janßen: „Vorwärts mit Gott für Deutschland“, in: Gehorsam bis zum Mord? ZEIT-Punkte 3/1995, S. 7.
60 Brauchitsch starb 1948 kurz vor Beginn eines gegen ihn anberaumten Prozesses.
61 So Oberstleutnant Helmuth Stieff, der nach dem Attentat des 20. Juli 1944 hingerichtet worden ist.
62 Vgl. U. Volkmann: Die britische Luftverteidigung, Osnabrück 1982.
63 Ein zuvor noch nicht bekanntes Phänomen: Infolge der extrem hohen Temperaturen in den brennenden Städten entstand ein Luftstrom nach oben – wie in einem beheizten Kamin –, der das Feuer nochmals gewaltig anheizte und vor allem den Luft-

sauerstoff schlagartig verbrauchte. Dies führte in der Folge regelmäßig dazu, daß Menschen in Bunkern infolge Sauerstoffmangels erstickten.

64 Auf ihn folgten, bei gleichzeitiger organisatorischer Umgruppierung, Oberst Hans von Graevenitz (bis April 1944) und Oberst Adolf Westhoff.

65 Ebenso im Tagebuch des Generalfeldmarschalls Fedor von Bock: „Wir sind nicht dazu da, um Verbrecher zu konservieren."

66 Die Befehle Reichenaus, Hoths und Mansteins sind abgedruckt in: G. R. Ueberschär u. W. Wette (Hrsg.): Der deutsche Überfall auf die Sowjetunion, Frankfurt a.M. 1991, S. 285–290.

67 H. Artzt: Mörder in Uniform, München 1979, S. 146.

68 Dieser Text war von Walter Warlimont entworfen und am 8. März 1941 vorgelegt worden. Keitel hatte ihn am 13. März unterzeichnet.

69 Umfangreiches Material zu diesem Komplex in E. Klee, W. Dreßen, V. Rieß: „Schöne Zeiten", Frankfurt a.M. 1988. Auch die oben angeführten Zitate stammen aus diesem Band (S. 150, S. 66).

70 Vgl. die von Walter Manoschek herausgegebene Sammlung solcher Briefe. W. Manoschek (Hrsg.): „Für das Judentum gibt es nichts als Vernichtung", Hamburg 1995.

71 Reinhardt wurde im OKW-Prozeß 1948 zu einer Haftstrafe von fünfzehn Jahren verurteilt.

72 Leeb wurde im OKW-Prozeß 1948 zu einer Haftstrafe von drei Jahren verurteilt.

73 B. v. Loßberg: Im Wehrmachtsführungsstab, Hamburg 1949, S. 133.

74 Es ist das große Verdienst des Historikers Christian Streit, dieses Thema dem Nebel des Verdrängens entrissen zu haben. Der folgende Abschnitt stützt sich wesentlich auf seine Ausführungen. Vgl. Ch. Streit: Keine Kameraden. Die Wehrmacht und die sowjetischen Kriegsgefangenen 1941–1945, Stuttgart 1978. Weitere Literatur siehe dort.

75 Reinecke wurde im OKW-Prozeß 1948 zu lebenslanger Haft verurteilt.

76 Vgl. Bastian 1994 (wie Anm. 3).

77 J. Friedrich: Das Gesetz des Krieges, München 1995, S. 780.

78 Ebenda.

79 A. Hillgruber: Zweierlei Untergang, Berlin 1986, S. 24.

80 H.-U. Wehler: Entsorgung der deutschen Vergangenheit? München 1988, S. 55 – In diesem „polemischen Essay“ (so sein Verfasser) auch eine vorzügliche Darstellung der Hintergründe und Positionen des „Historikerstreites“ von 1986.

81 Böhme beging in der Untersuchungshaft Selbstmord; Rendulic wurde zu einer Haftstrafe von 20 Jahren verurteilt, aber schon nach vier Jahren Haft 1951 aus dem Gefängnis entlassen.

82 Löhr wude, zusammen mit dem ehemaligen Stadtkommandanten von Belgrad, General Adalbert Lonitschar, 1947 von einem jugoslawischen Gericht zum Tode verurteilt und auch hingerichtet.

83 W. Manoschek: Partisanenkrieg und Genozid. Die Wehrmacht in Serbien 1941, S. 144.

84 Friedrich, S. 245.

85 G. Vaccarino: La Grecia tra resistenza e guerra civile 1940–1945, Milano 1988; M. Mazower: Inside Hitlers' Greece. The Experience of Occupation, 1941–1944, New Haven – London 1993.

86 G. Schreiber: Deutsche Kriegsverbrechen in Italien. Täter, Opfer, Strafverfolgung, München 1996, S. 8 – Meine obige Darstellung stützt sich wesentlich auf diese ganz hervorragende Monographie.

87 Ebenda, S. 222.

88 Ebenda, S. 83.

89 Zur Traditionspflege der Deutschen Bundeswehr siehe die vorzügliche Arbeit von J. Knab: Falsche Glorie. Das Traditionsverständnis der Bundeswehr, Berlin 1995.

90 Zum Folgenden vgl. T. Bastian: Wahnwitz Atomkraft, Berlin 1995, und P. Auer: Von Dahlem nach Hiroshima, Berlin 1995 – weitere Literatur siehe dort.

91 I. Origo: Toskanisches Tagebuch 1943/44. Kriegsjahre im Val d'Orcia, München 1993, S. 64.

92 Ebenda, S. 225.

93 Zu diesem Themenkomplex vgl. Bastian 1996 (wie Anm. 55).

94 D. Bonhoeffer: Widerstand und Ergebung. Briefe und Aufzeichnungen aus der Haft, hrsg. von E. Bethge, München und Hamburg 1965, S. 12 f.

Leseempfehlungen

Die nachstehende, bewußt kurz gefaßte Auswahl enthält nur einen sehr kleinen Teil der vorliegenden Fachliteratur. Es werden vor allem Titel genannt, die dem derzeitigen Stand der historischen Forschung entsprechen, aber auch für eine nicht akademisch ausgebildete Leserschaft von Interesse sind. Auf die in den nachstehenden Anmerkungen zusätzlich aufgeführten Arbeiten sei ausdrücklich hingewiesen.

Omer Bartov: Hitlers Wehrmacht. Soldaten, Fanatismus und die Brutalisierung des Krieges, Reinbek 1995.

Horst Boog u.a. (Hrsg.): Der Angriff auf die Sowjetunion, Stuttgart 1983.

Horst Boog u.a. (Hrsg.): Der Globale Krieg. Die Ausweitung zum Weltkrieg und der Wechsel der Initiative 1941–1943, Stuttgart 1990.

Fall 12. Das Urteil gegen das Oberkommando der Wehrmacht, gefällt am 28. Oktober 1948 in Nürnberg vom Militärgerichtshof V der Vereinigten Staaten von Amerika, Berlin 1960.

Jörg Friedrich: Das Gesetz des Krieges. Das deutsche Heer in Rußland 1941–1945. Der Prozeß gegen das Oberkommando der Wehrmacht, München 1995.

Hannes Heer und Klaus Naumann (Hrsg.): Vernichtungskrieg. Verbrechen der Wehrmacht 1941–1944, Hamburg 1995.

Raul Hilberg: Täter, Opfer, Zuschauer. Die Vernichtung der Juden 1933–1945, Frankfurt a.M. 1992

Walter Manoschek (Hrsg.): Die Wehrmacht im Rassenkrieg, Wien 1996

Manfred Messerschmidt: Die Wehrmacht im NS-Staat. Zeit der Indoktrination, Hamburg 1969

Wolfgang Michalka (Hrsg.): Der Zweite Weltkrieg. Analysen, Grundzüge, Forschungsbilanz, München 1989

Mechthild Rössler und Sabine Schleiermacher (Hrsg.): Der „Generalplan Ost“. Hauptlinien der nationalsozialistischen Planungs- und Vernichtungspolitik, Berlin 1993.

Gerhard Schreiber: Deutsche Kriegsverbrechen in Italien. Täter, Opfer, Strafverfolgung, München 1996.
Gerd R. Ueberschär und Wolfram Wette (Hrsg.): Der deutsche Überfall auf die Sowjetunion, Frankfurt a.M. 1991.
Zeit-Punkte 3: Gehorsam bis zum Mord?, Hamburg 1995.
Martin Zöller und Kazimierz Leszgynski (Hrsg.): Fall 7. Das Urteil im Geiselmordprozeß, Berlin 1965.

Abbildungsnachweis

S. 46: Süddeutsche Zeitung, München;
S. 67: Hessisches Hauptstaatsarchiv, Wiesbaden;
S. 82: Deutsches Historisches Museum, Archiv Gronefeld, Berlin;
S. 83: Hamburger Edition; Quelle: Militärmuseum Belgrad;
S. 86–88: Bundesarchiv, Koblenz;
S. 94: Archiv des Istituto Nazionale per la Storia del Movimento di Liberazione in Italia, Mailand;
S. 95: Aus: Italia martire. Sacrificio di un popolo 1940–1945, Rom 1965;
S. 100: Rijksinstituut voor Oorlogsdocumentatie, Amsterdam.

Personenregister

Zeitgeschichte

Till Bastian
Auschwitz und die „Auschwitz-Lüge“
Massenmord und Geschichtsfälschung
4. Auflage. 1995. 103 Seiten mit 10 Abbildungen und 3 Karten.
Paperback. Beck'sche Reihe Band 1058

Till Bastian
Furchtbare Ärzte
Medizinische Verbrechen im Dritten Reich
2., unveränderte Auflage. 1996. 124 Seiten mit 7 Abbildungen.
Paperback. Beck'sche Reihe Band 1113

Gerhard Schreiber
Deutsche Kriegsverbrechen in Italien
Täter, Opfer, Strafverfolgung
1996. 279 Seiten mit 1 Abbildung. Paperback
Beck'sche Reihe Band 1168

David A. Hackett (Hrsg.)
Der Buchenwald-Report
Bericht über das Konzentrationslager Buchenwald bei Weimar
2. Auflage. 1997. 456 Seiten mit 2 Abbildungen und 1 Karte.
Gebunden

Niza Ganor
Wer bist du, Anuschka?
Die Überlebensgeschichte eines jüdischen Mädchens
Aus dem Hebräischen übertragen von Wolfgang Jeremias
1996. 123 Seiten. Klappenbroschur

Wolfgang Benz
Der Holocaust
3. Auflage. 1997. 126 Seiten. Paperback
Beck'sche Reihe Band 2022
C.H. Beck Wissen

Verlag C.H. Beck München